임 명 장

성명 _____

위 사람을 하나님의 영광을 위하여

본 교회 _____ 로 임명합니다.

　　　　　　　　년　　월　　일

　　　　　　　　　　교회

　　　　　　　　　　목사

설교핸드북

1

평신도 설교자를 위한

설교핸드북 1

1판 1쇄 발행	2007. 12. 10.
개정판 4쇄 발행	2020. 06. 20.
엮은이	편집부
펴낸이	박성숙
펴낸곳	도서출판 예루살렘
주소	(10252) 경기도 고양시 일산동구 고봉로 776-92 (설문동)
전화 | 팩스	031)976-8972 | 031)976-8974
이메일	jerusalem80@naver.com
출판등록	1980년 5월 24일(제 16-75호)

ISBN 978-89-7210-465-0 03230

정가 8,000원

ⓒ 이 출판물은 저작권법에 의해 보호를 받는 저작물이므로
무단 전재와 복제를 할 수 없습니다.

도서출판 예루살렘은
하나님을 사랑하며 하나님 말씀대로 순종하며 살기를 원하는
청소년, 성도, 목회자들을 문서로 섬기며
이를 위하여 기도하며 정성을 다하여
모든 사역과 책을 기획, 편집, 출판하고 있습니다.

오직 성령이 너희에게 임하시면 너희가 권능을 받고
예루살렘과 온 유대와 사마리아와 땅끝까지 이르러 내 증인이 되리라(행 1:8)

머리말

"나의 설교의 주안점은 바위 같은 심령을 부수고
상한 심령을 치유받게 하는 데 있다." 〈존 뉴턴〉

우리에게 허락하신 하나님의 말씀은 그 생명력과 그 기능과 능력이 말로 표현하지 못할 정도로 무한합니다. 그 필요에 따라 적용된다면 이는 가장 복되고 귀한 송이꿀과 같은 보약이 되지 않을까 생각됩니다. 서점에는 많은 책들이 홍수와 같이 쏟아져 나오지만 막상 필요해서 책을 한 권 찾기라도 하면 무슨 책을 사서 보아야 할지 망설여집니다.

이 책은 교회에서 운영되고 있는 여러 그룹들, 즉 단체장, 남·여선교부, 교육부들의 모임과 월례회 뿐만 아니라 각종 직장 신우회 모임에서 참고할 만한 평신도를 위한 설교의 지침서로 내놓게 되었습니다. 단체가 활발하게 움직이길 원하는 여러분들의 필요에 의해 간결하며 핵심적인 메시지를 추려보았습니다.

이 책을 소유하는 모든 분들이 하나님께서 주신 영감들을 곁들여서 은혜가 넘치는 길잡이로 보충할 수 있기를 바랍니다. 이 설교 핸드북을 사용하는 모든 분들에게 하나님의 은혜가 함께하기를 기원합니다.

최무남 목사 드림

차 례

10 Advice 10

*1*월~ *2*월 소망과 부흥의 달
(송구영신예배, 새해맞이, 신년계획)

1. 새 마음으로 새롭게(겔36:24~28) 22
2. 새 것이 된 삶(고후5:7) 24
3. 하나님께서 주신 기업(고후6:1) 26
4. 영원한 유산인 하나님의 기업(창13:15~17) 28
5. 유업의 상을 받기 위하여(골3:24~26) 30
6. 선민의 기업인 말씀(시119:111~112) 32
7. 그가 이끄시는 내로(욥23:10) 34
8. 의의 무기로 하나님께 드리자(롬6:12~14) 36
9. 그리스도와 연합된 그룹(롬6:5~11) 38

*3*월~ *4*월 고난과 부활의 달
(삼일절, 종려주일, 고난주간, 부활주일)

10. 지금도 싸우는 애국자들 I (갈5:1;13) 42
11. 지금도 싸우는 애국자들 II (갈5:1;13) 44
12. 긍정의 힘(고후1:19~22) 46
13. 예수 그리스도의 십자가 사건 I (마27:4~53) 48
14. 예수 그리스도의 십자가 사건 II (마27:4~53) 50
15. 룻과 보아스(룻2:10~12) 52
16. 마음을 같이한 마리아회(행1:14) 54

17. 하나가 되는 그룹으로(행2:43~47) 56
18. 청결한 마음(마5:8) 58
19. 구속의 완성으로서의 부활(요10:17~18) 60

5월 사랑과 화목의 달
(어린이주일, 어버이주일)

20. 복 받는 후손 (시144:12~15) 64
21. 기도에 대한 일반적인 견해 I (시107:6) 66
22. 기도에 대한 일반적인 견해 II (마21:22) 68
23. 합심기도의 유익(행4:30~31) 70
24. 기독교 가정(잠19:13~17) 72

6월~7월 경건과 기도의 달
(현충일, 6·25, 맥추감사주일, 교육주간)

25. 하나님께서 원하시는 세계 I (사2:2~4) 76
26. 하나님께서 원하시는 세계 II (사2:2~4) 78
27. 네 가지의 기도 원칙(약1:5~6) 80
28. 가장 향기로운 제물 I (시51:15~19) 82
29. 가장 향기로운 제물 II (시51:15~19) 84

8월~9월 해방과 복음의 달
(해방기념일, 교육주간, 중추절)

30. 해방의 참 기쁜 뜻 I (시18:1~2) 88
31. 해방의 참 기쁜 뜻 II (시18:1~2) 90
32. 중보기도의 근거(출17:8~16, 갈3:19~20) 92

33. 중재 기도자의 역할(출32:11~14) 94
34. 그리스도와 하나 된 성도(고전12:12~13) 96
35. 주님을 위한 각오(롬14:1~9) 98
36. 열심을 품고 주를 섬기자(롬12:11) 100
37. 사랑하는 나의 가정(시128:1~4;골3:18~21) 102
38. 모두 힘을 내어(느2:18) 104

*10*월~ *11*월 전도와 감사의 달

(종교개혁주일, 추수감사주일)

39. 영혼 구원으로 얻은 기쁨(벧전1:6~9) 108
40. 풍성한 열매를 주신 하나님께 감사 I (시65:8~13) 110
41. 풍성한 열매를 주신 하나님께 감사 II (시65:8~13) 112
42. 영적인 힘(시18:1~2) 114

*12*월 봉사와 영광의 달

(성서주일, 성탄절, 송년, 송구영신예배)

43. 하나님의 감동으로 기록된 책 I (딤후3:15~17) 118
44. 하나님의 감동으로 기록된 책 II (딤후3:15~17) 120
45. 하나님의 감동으로 기록된 책 III (딤후3:15~17) 122
46. 별을 보고 크게 기뻐하는 자 I (마2:1~12) 124
47. 별을 보고 크게 기뻐하는 자 II (마2:1~12) 126
48. 끝없는 시작 I (빌1:3~7) 128
49. 끝없는 시작 II (빌1:3~7) 130
50. 끝없는 시작 III (빌1:3~7) 132

※ 부록

(기타 설교, 메모, 주제별 성경 찾기, 출석부, 주소록)

51. 청지기의 생활(벧전4:7~11) 136
52. 선한 청지기 같이 봉사하자 I (벧전4:7~11) 138
53. 선한 청지기 같이 봉사하자 II (벧전4:7~11) 140
54. 눈을 열어 기적을 보라(막8:22~26) 142
55. 하나님나라에 합당한 일꾼(눅9:57~62) 144
56. 역사의 주인공임을 알자(딤후2:1~4) 146

메모 148
주제별 성경 찾기 159
출석부 168
주소록 172

10 ADVICE

❖ 인생에게 가장 소중한 예배 10계명

1. 하나님은 예배드리는 자를 찾으십니다
2. 예배는 우리의 삶의 가장 소중한 중심입니다
3. 예배를 항상 준비하는 삶을 삽시다
4. 마음 문을 열고 예배에 임합시다
5. 예배 드리면서 아멘으로 화답합시다
6. 복 받으려는 마음보다 하나님께 바치는 마음으로 드립시다
7. 예배의 각 순서마다 자발적으로 참여합시다
8. 찬송을 부를 때는 목소리를 높여 힘차게 부릅시다
9. 예배에 방해되는 모든 것을 제거하십시오
10. 예배를 통하여 새로운 결단과 각오를 가지십시오

10 ADVICE

❖ 직분에 대한 좋은 10가지 자세

1. 제직(임원)은 직분을 두렵고 떨림으로 받아야 한다
2. 제직(임원)은 직분을 오직 믿음으로 받아야 한다
3. 제직(임원)은 직분을 오직 하나님을 위하여 받아야 한다
4. 제직(임원)은 직분을 온유하고 겸손한 마음으로 받아야 한다
5. 제직(임원)은 직분을 구원의 감격으로 감사함으로 받아야 한다
6. 제직(임원)은 직분을 하나님의 말씀에 의지함으로 받아야 한다
7. 제직(임원)은 직분을 즐겁고 기쁜 마음으로 받아야 한다
8. 제직(임원)은 직분을 기도하는 마음으로 받아야 한다
9. 제직(임원)은 직분을 충성과 희생의 마음으로 받아야 한다
10. 제직(임원)은 직분을 아멘하여 순종으로 받아야 한다

10 ADVICE

❖ 좋은 장로의 10가지 자세

1. 장로는 믿음이 좋아야 하고 확신이 있어야 한다
2. 장로는 마음가짐, 곧 성품이 좋아야 한다
3. 장로는 가정이 좋아야 한다
4. 장로는 자녀를 믿음으로 잘 양육해야 한다
5. 장로는 하나님이 주신 배필인 사모가 좋아야 한다
6. 장로는 성경의 지식과 지혜가 있어야 한다
7. 장로는 신앙의 모범이 되어야 한다
8. 장로는 일상에서 언행심사에 모범이 되어야 한다
9. 장로는 교회 십일조 생활에 본이 되어야 한다
10. 장로는 성도들을 잘 돌보고 목회자를 도와야 한다

10 ADVICE

❖ 좋은 권사의 10가지 명심할 일

1. 권사는 교회 직임 중 가장 좋은 직임임을 알자
2. 권사는 신자가 아니라 섬기는 일을 맡은 자이다
3. 권사는 병자, 낙심자, 어려운 자를 돕는 자이다
4. 권사는 믿음이 좋아야 하고 구원의 확신이 있어야 한다
5. 권사는 술과 담배와 노름과 세속적 오락을 버려야 한다
6. 권사는 우상과 이단을 물리치고 깨끗한 믿음이 있어야 한다
7. 권사는 좋은 성품과 겸손과 온유와 사랑을 가져야 한다
8. 권사는 신앙생활에 좋은 모범을 보여야 한다
9. 권사는 속회를 인도하고 교회 모든 일에서 봉사해야 한다
10. 권사는 온 가정이 주를 믿고 화목하도록 해야 한다

10 ADVICE

❖ 좋은 집사의 10가지 명심

1. 집사는 무엇보다도 믿음이 좋아야 한다
2. 집사는 마음씨 곧 성품이 좋아야 한다
3. 집사는 외모의 품행이 좋아야 한다
4. 집사는 주님 일에 열심이고 부지런해야 한다
5. 집사는 온 가정에 화목이 넘치게 해야 한다
6. 집사는 온 식구를 교회로 인도하고 화평이 있게 해야 한다
7. 집사는 주의 일에 언제나 앞장서서 모범을 보여야 한다
8. 집사는 무슨 일에나 감사와 순종으로 교회생활을 해야 한다
9. 집사는 항상 말을 조심하고 유익한 말을 해야 한다
10. 집사는 주님의 몸된 교회의 부흥을 위해 힘써야 한다

10 ADVICE

❖ 교회 임원(제직)의 10가지 다짐

1. 시간 생활에 모범을 보이자 – 주일 성수
2. 성품 생활에 모범을 보이자 – 겸손, 온유
3. 물질 생활에 모범을 보이자 – 십의 일조
4. 인격 생활에 모범을 보이자 – 부모, 형제지간
5. 가정 생활에 모범을 보이자 – 화목, 책임
6. 직장 생활에 모범을 보이자 – 성실, 근면
7. 신앙 생활에 모범을 보이자 – 섬김, 순종
8. 언행 생활에 모범을 보이자 – 말, 생각, 행동
9. 봉사 생활에 모범을 보이자 – 희생, 사랑
10. 전도 생활에 모범을 보이자 – 심령, 구원

10 ADVICE

❖ 교회 임원(제직)의 이상적인 10가지 할 것

1. 하나님의 말씀에 대한 바른 성경관을 가져야 한다
2. 모든 성도와 이웃에게 본이 되어야 한다
3. 사랑의 수고가 있어야 한다
4. 소망의 인내가 있어야 한다
5. 주일성수에는 본이 되어야 한다
6. 십일조 헌금 생활에 본이 되어야 한다
7. 성경을 가르칠 수 있도록 배워야 한다
8. 새벽 기도에 본이 되어야 한다
9. 개인 전도에 본이 되고 힘써야 한다
10. 교회 봉사에 본이 되어야 한다

10 ADVICE

❖ 좋은 교사가 해야 할 10가지

1. 주님을 위해 살기를 결심하는 교사
2. 주님을 위해 믿음이 확실하고 좋은 교사
3. 주님을 위해 주님이 맡기신 양들을 사랑하는 교사
4. 주님을 위해 자신이 항상 배우기를 힘쓰는 교사
5. 주님을 위해 자기 자신의 실력을 쌓는 교사
6. 주님을 위해 항상 겸손하고 온유하게 사는 교사
7. 주님을 위해 주님의 말씀을 열심히 가르치는 교사
8. 주님을 위해 양들의 영혼구원을 위해 기도하는 교사
9. 주님을 위해 주님의 몸된 교회를 사랑하고 봉사하는 교사
10. 주님을 위해 주님이 맡겨주신 사명에 충실한 교사

10 ADVICE

❖ 좋은 구역장의 10가지 명심

1. 구역장은 교회 안의 성도들을 돌볼 목자의 사명이 있다
2. 구역장은 교회 안의 모든 성도들을 잘 인도해야 한다
3. 구역장은 성도들 앞에서 믿음의 본을 보여야 한다
4. 구역장은 성도들을 사랑하고 위하여 기도해 주어야 한다
5. 구역장은 먼저 자기 가정의 구원을 이루어야 한다
6. 구역장은 모든 생활에서 성도들에게 덕을 끼쳐야 한다
7. 구역장은 구역원들의 가정의 이름과 내용을 알아야 한다
8. 구역장은 구역 안의 모든 일을 담임 목사에게 보고해야 한다
9. 구역장은 언행심사에 항상 조심해서 살아야 한다
10. 구역장은 주님의 몸된 교회의 부흥을 위해서 힘써야 한다

10 ADVICE

❖ 구역회 지도자의 10가지 모범

1. 구역장은 좋은 신앙의 본이 되어야 한다
2. 구역장은 좋은 생활의 본이 되어야 한다
3. 구역장은 좋은 말의 본이 되어야 한다
4. 구역장은 좋은 봉사의 본이 되어야 한다
5. 구역장은 좋은 일의 본이 되어야 한다
6. 구역장은 좋은 몸가짐의 본이 되어야 한다
7. 구역장은 좋은 참여의 본이 되어야 한다
8. 구역장은 좋은 충성의 본이 되어야 한다
9. 구역장은 좋은 가정의 본이 되어야 한다
10. 구역장은 좋은 성품의 본이 되어야 한다

"우리의 목표는 사람의 삶이 그리스도로 채워져서 다른 사람에게 전염되는 것이다." 〈마틴 루터〉

1월~2월
소망과 부흥의 달

송구영신예배

새해맞이

신년계획

새 마음으로 새롭게

본문 • 에스겔 36:24~28
찬송 • 550장, 552장

새해에는 하나님의 은총이 충만한 가운데 우리 모두의 가정이 행복한 한해로 출발하시기를 축원합니다.

우리들의 꿈과 비전 속에 새해가 함께 열렸습니다. 이 시간 묵은 해의 어두웠던 마음을 다 버리고 새롭게 되기를 소망합니다. 새 마음으로 새롭게 출발합시다. 할렐루야!

1. 새 영과 새 마음으로

"또 새 영을 너희 속에 두고 새 마음을 너희에게 주되"(26절) 이 말씀은 인간의 내적 본질인 지,정,의를 총괄한 인생의 좌표에 새겨진 말씀입니다. 사람은 아무리 애쓰고 노력해도 실수가 있고 부족한 것들이 많이 있습니다. 그런데 에스겔 선지자는 새 마음을 갖기 위해서는 새 영을 받아야 할 것을 강조합니다.

새 마음이란 1월 1일 아침에 찬물에 세수를 하면서 먹은 첫 마음으로 1년을 사는 것입니다. 학교에 입학을 해서 새 책을 앞에 놓고 일과표를 짜던 영롱한 첫 마음으로 공부하듯 우리는 새로운 마음 새로운 각오로 새해를 열어갑시다.

2. 굳은 마음을 제하자

굳은 마음을 제거하기 위해서는 내 마음의 세상을 향한 더럽혀진 마음을 개조해야 합니다. 이를 위하여 새 영이신 성령님을 충만하게 받으면 굳은 마음이 제거되고 비둘기 같은 온유한 마음이 됩니다. "내가 내 영을 그들에게 주었은즉"(사42:1) 주님께서 우리에게 선물로 주신 성령님을 힘입으면 세상을 밝게 만들어 갈 수가 있습니다. 여러분! 굳은 마음을 제거합시다. 새 마음으로 새해를 열어 갑시다.

3. 흠 없이 보전되기를 위해서

"평강의 하나님이 친히 너희를 온전히 거룩하게 하시고 또 너희 온 영과 혼과 몸이 우리 주 예수 그리스도께서 강림하실 때에 흠 없게 보전되기를 원하노라."(살전5:23) 흠도 없고 티도 없으셨던 주님과 같이 보전되기 위해 기도하며 노력합시다.

마음을 지킨다는 것은 영혼을 지킨다는 뜻이요, 목숨을 지킨다는 뜻이요, 인격을 지킨다는 뜻입니다. 마음에 비취는 햇살처럼 성령님을 의지하여 승리의 해로 출발하시기를 기원합니다.

❖ 기 도 ❖

하나님! 새해를 맞이하여 우리의 마음도 새롭게 우리의 믿음도 새롭게 이 나라에도 변화를 가져와서 불의가 다 사라지고 공의가 실현되는 나라가 되게 하옵소서. 예수님 이름으로 기도합니다. 아멘.

새 것이 된 삶

본문 • 고린도후서 5:17
찬송 • 551장, 558장

새 것이 되었다는 것은 예수 그리스도와 영적인 연합을 이루었다는 말입니다. 연합을 이루었다는 것은 신자의 행위에 있어서 세상적인 삶의 가치가 사라지고 오직 그리스도가 주인이 된 삶을 말하고 그분만을 위한 삶이 된 것을 말합니다.

1. 새 것이 되었다는 것은?
1) 죄의 몸이 죽었다는 의미입니다.

"우리가 알거니와 우리의 옛 사람이 예수와 함께 십자가에 못 박힌 것은 죄의 몸이 죽어 다시는 죄에게 종 노릇 하지 아니하려 함이니."(롬6:6) 아담의 범죄로 말미암아 죄인 된 우리는 이 육체로는 구원을 받을 수가 없게 된 것입니다.

이는 옛 사람의 속성을 가지고는 하나님의 자녀가 될 수 없었는데 예수 그리스도를 우리들의 심령 속에 구주로 믿고 섬기기로 다짐함으로 우리 자신은 주님과 함께 죽고 새로운 피조물로 거듭나게 된 것입니다.

2) 거짓된 마음이 죽어서 새 마음이 되었음을 의미합니다.

인생의 마음은 부패한 마음입니다. 그래서 성경은 말합니다. "만물보다 거짓되고 심히 부패된 것은 마음이라."(렘17:9) 사람의 마음이 얼마나 거짓되고 부패되어 있습니까? 선지자 예레미야는 죄악을 저지른 유대 백성들의 마음이 다 부패되어 있음을 지적했습니다. 우리들의 마음은 어떠합니까. 이 부패한 마음으로는 영생복락을 얻지 못합니다. 전적으로 부패하고 타락한 심령상태가 인생들의 마음입니다. 이러한 마음가짐으로는 구원을 받을 수가 없습니다.

2. 변화된 사람의 생활

우리의 마음들이 어디까지 변화 되어야 합니까. "옛 사람과 그 행위를 벗어…새롭게 하심을 입은 자니라."(골3:9~10) 예수 그리스도를 만난 이후에 변화된 삶을 살아온 사도 바울은 새 사람으로 변화된 것입니다. 우리도 변화 되어야 합니다. 과거에 어떤 삶을 살았는지 크게 중요하지 않습니다. 앞으로 우리의 삶과 생활이 변화된 삶을 살아가야 할 것입니다. 사울이 변화되어 바울이 되었듯이 우리도 변화됩시다.

바울 사도는 진정으로 새로운 피조물이 된 것입니다. 우리도 변화된 피조물이 되어 주 예수를 믿으라고 외칠 수 있는 믿음의 사람들이 됩시다. "너희는 이 세대를 본받지 말고 오직 마음을 새롭게 함으로 변화를 받아 하나님의 선하시고 기뻐하시고 온전하신 뜻이 무엇인지 분별하도록 하라."(롬12:2) 복된 새해로 열어가는 축복이 있기를 기원합니다.

❖ 기 도 ❖

하나님! 우리에게 새 것이 되었다고 합니다. 그러나 아직도 마음이 무겁습니다. 새롭게 하옵소서. 예수님의 이름으로 기도합니다. 아멘.

하나님께서 주신 기업

본문 • 고린도후서 6:1
찬송 • 347장, 435장

하나님께서 주신 기업이란 여러 측면에서 생각할 수가 있습니다. 그러나 그것은 하나님의 말씀을 떠나서는 상상도 할 수가 없는 일입니다. 하나님께서는 말씀 속에 재물도 건강도 능력도 그리고 지혜와 지식도 다 주셨습니다. 다만 우리가 순종을 못해서 문제가 됩니다. 우리가 그 말씀을 몇 %나 순종하고 따르느냐가 우리에게 숙제로 남아있습니다.

1. 영원히 살아있는 말씀

"주의 증거들로 내가 영원히 나의 기업으로 삼았사오니 이는 내 마음에 즐거움이 됨이니이다."(시119:111) 우리 모두는 지체로써 교회의 주초가 되어 지켜나가며 성장시켜 나가야 할 의무와 책임이 있습니다. 우리 모두가 선한 기업으로 육성해 나가기 위해서는 사업도 말씀의 토대 위에 세워 나가야 하겠습니다. 우리 함께 최고의 목표를 구상해 나가며 말씀대로 이루어 나갑시다.

2. 선한 기업을 위해 주신 사명

가나안을 점령하기 위해 모세는 여리고 성을 무너뜨리고 이스라엘 백성들을 인도했습니다. 그는 자신의 상급(기업)을 구하기 이전에 다른 모든 사람들의 만족 누리기를 염원했으며 그때까지 인내로서 꾸준하게 기다렸음을 기억합시다. 이스라엘 자손들의 기업분배를 마치고 그들의 땅을 분배 받았던 것은 온 백성들을 섬기는 자세가 매우 특별했음에 유념합시다.

"이스라엘 자손이 그들의 경계를 따라서 기업의 땅 나누기를 마치고 자기들 중에서 눈의 아들 여호수아에게 기업을 주었으니"(수 19:49) 지도자는 섬기는 자야 합니다.

모든 성도들을 위해서 베풀고 섬기는 믿음의 사람들로 사명을 다하여 생명의 면류관 받는 그날을 바라보며 변함없이 달려가시길 기원합니다.

❖ 기 도 ❖

하나님! 우리의 힘으로는 아무것도 알지 못합니다. 오직 주님을 의지하며 모든 초점을 주님께 맞춥니다. 참된 영적 세계를 맛보게 하여 주옵소서. 이 나라와 우리 교회도 변화를 가질 수 있도록 인도하여 주옵소서. 성령의 충만함으로 교회도 나라도 가정도 말씀따라가게 하여 주옵소서. 예수님의 이름으로 기도 드립니다. 아멘.

영원한 유산인 하나님의 기업

본문 • 창세기 13:15~17
찬송 • 436장, 529장

무엇이 영원 합니까? 이 세상에는 영원한 것이 하나도 없습니다. 영원이란 시간이 한없이 지속되는 상태를 뜻하는 말로서 깊은 영적인 의미가 있는데 그것은 과거와 현재 그리고 미래까지도 포함한다는 뜻이 있습니다.

1. 영원한 것이란?

"너희 무리는 마땅히 일어나 영원부터 영원까지 계신 너희 하나님 여호와를 송축할지어다."(느9:5) 영원한 것은 하나님밖에 없습니다. 우리가 이같이 축복 된 기업이 됨을 감사합시다. 솔로몬의 말대로 이세상의 모든 것은 다 헛되고 헛된 것들입니다. "해 아래서 수고하는 모든 수고가 헛되며."(전1:14), "내 손으로 하는 모든 일이 헛되며 내가 수고한 모든 일이 다 헛되며."(전2:11)

이같이 하나님의 뜻을 벗어난 모든 수고는 다 헛되다고 말합니다. ①하나님 나라는 영원하며(시145:13) ②하나님 나라 백성이 된 것이 영원합니다.(벧후1:11) ③하나님 나라 언약이 영원합니다.(창17:8) 우리에게는 영원한 것을 주셨으니 감사합시다.

2. 우리의 의무

본문 15절에서 "너는 눈을 들어 너 있는 곳에서 북쪽과 남쪽 그리고 동쪽과 서쪽을 보라. 보이는 땅을 너와 네 자손에게 주리니 영원히 이르리라."고 하였습니다. 이는 아브라함에게 하나님께서 영원한 영광의 유산을 허락하신 것입니다.

"너는 일어나 그 땅을 종과 횡으로 두루 다녀보라 내가 그것을 네게 주리라."(17절) 옛적에 주의 사자가 상수리나무 밑에서 약속하신 그 나라는 그에게 그리고 그 자손에게 주신 거대한 선물이 있었습니다. 물론 그 땅 자체는 하나의 상징적인 것이며 선물 자체도 하나의 상징적인 것이었습니다. 그러나 중요한 것은 아브라함에게 약속하신 그 언약의 약속이 지금도 계속되고 있음을 기억 합시다.

3. 우리가 받을 보상에 대해서

영원한 것을 얻기 위해서는 온 마음과 정성을 다해야 합니다. 예수님께서 말씀하시기를 "네 마음을 다하고 목숨을 다하고 뜻을 다하여 주 너희 하나님을 사랑하라 하셨으니"(마22:37) 이 말을 기억합시다. 성경을 토대로 하는 기업이라면 우리는 당연히 목숨을 드릴만한 넉넉한 가치가 있는 기업임을 기억하고 면류관을 향해서 죽도록 충성하는(계2:10) 모두가 되시기를 주 예수 그리스도의 이름으로 축원드립니다.

❖ 기 도 ❖

하나님! 우리에게 영적인 기업을 허락하심을 감사드리옵고 복음을 수출하는 기업되게 하옵소서. 하나님의 쓰임 받는 기업되게 하옵소서. 예수님 이름으로 기도드립니다. 아멘.

유업의 상을 받기 위하여

본문 • 골로새서 3:24~25
찬송 • 430장, 432장

우리가 잘 알고 있는 여호수아는 하나님께서 허락하신 복을 고백하기를 "여호와께서 지금까지 내게 복을 주시므로 큰 민족이 되었거늘."(수17:14) 요셉의 지파와 므낫세 지파가 크게 성장하여 많은 후손들의 번성함을 말합니다. 번영한다는 것은 문자적으로 '무릎을 꿇다', '축복하라' 하는 말과 함께 '선하다', '좋다', '복을 얻다'는 의미를 가지고 있습니다.

1. 수고를 아끼지 아니해야

하나님의 은혜는 우리에게 보이지 않게 내립니다.

① 어느 때는 '소낙비처럼'(겔34:36~37), '가는 단비처럼'(신32:2) 내립니다.

그래서 에스겔 선지자는 "복을 내리되 때를 따라 소낙비를 내리되 복된 소낙비를 내리리라"고 했으며 다윗도 말하기를 "철을 따라 열매를 맺으며"라고 했고 모세도 "연한 풀 위에 단비 같고"라고 했습니다.

② 복음 안에서의 수고는 풍성한 열매로 다가옵니다.

"네가 네 손으로 수고한대로 먹을 것이라. 네가 복되고 형통하리로다."(시128:2) 물론 수고도 조건이 있습니다. 하나님 말씀 안에서의 수고 입니다. 만약 말씀에 벗어난 수고는 하나님께서 불어버리기 때문임을 기억 합시다.

2. 변함이 없는 기업으로

"주의 증거들로 내가 영원히 나의 기업으로 삼았사오니 이는 내 마음에 즐거움이 됨이니이다."(시119:111) 시편 기자는 하나님의 말씀이 세상의 어떤 쾌락이나 부귀영화나 물질보다 더 소중하다는 사실을 다시 확인시켜주고 있습니다.

세상 사람들은 억제할 수 없는 욕망의 노예가 되어 무지개를 잡으려 가는 소년처럼 삽니다. 그러나 하나님의 기업을 위해 투자하는 사람은 오병이어의 기적과 같은 숫자들로 계산이 안 되는 풍성한 어획을 거두어 들입니다. 여기에 기업으로 번역된 히브리어 원문에는 '소유로 받다', '상속하다', '얻다' 등을 뜻하는 동사로 약속의 땅 가나안을 보다 더 거룩한 하나님의 기업의 땅으로 그 가치를 봅니다. 결국에는 마음에 즐거움이 됩니다.

약속의 기업은 영원히 보장되는 것이요, 구원의 복과(시3:8) 천국의 영생의 복과(요5:25) 성읍에서도 복을 받고 들에서도 복을 받는 은혜와 복이 있습니다. 이 큰 은혜를 하나님의 기업에서 누리시는 복을 받으시기를 기원합니다.

❖ 기 도 ❖

하나님! 유업의 상을 받기 위하여 기도합니다. 하나님을 섬기는 일에 온전하기를 원합니다. 성령의 불타는 교회로 인도하여 주옵소서. 예수님의 이름으로 기도 합니다. 아멘.

선민의 기업인 말씀

본문 • 시편 119:111~112
찬송 • 347장, 382장

미국의 시인 '롱펠로우'는 휴지조각을 집어 들고 머리에 스쳐가는 시상을 적은 것이 유명한 글이 되어 미화 6천 불에 팔렸다고 합니다. '롱펠로우'는 휴지 조각에도 싸인 만하면 1백만 불 정도를 움직일 수가 있었다는 것입니다.

피카소도 데생한 것이 집 한 채의 값이 된다고 합니다. 우리도 무가치한 인생들이지만 하나님의 은혜가 더해질 때 하나님의 자녀인 선민이 되는 것입니다.

1. 하나님의 말씀이 기업이다

기업이란 특별히 물려받은 것을 말합니다. 기업은 대개 돈을 주고 사는 것이 아니고 유산으로 남겨진 것이 대다수 입니다. 우리에게도 하나님께서 값없이 큰 기업을 물려 주셨습니다. 이 기업은 오직 믿음으로만 운영됩니다.

2. 하나님의 말씀은 고귀한 생명이 된다

하나님의 말씀은 우리 마음에 즐거움과 생명이 됩니다.

1) 우리는 이 기업을 받을 자격이 없지만 하나님의 은혜로 받는 것입니다.

"허물과 죄로 죽은 우리를 그리스도와 함께 살리셨고 너희도 은혜로 구원받은 것."(엡2:5) 이라고 하였습니다.

2) 이 기업은 풍족한 기업입니다.

그 무엇도 거기에 더해질 수가 없습니다. "여호와는 나의 산업과 나의 분깃을…."(시16:5) 여호와가 나의 산업이요 분깃입니다.

3) 보장된 기업입니다. (히6:17)

3. 책임이 부과된 기업이다
1) 이 기업은 우리에게 선택의 자유가 주어졌습니다.
2) 그 선택은 준비된 결과로 주어집니다.(112)
3) 우리가 주의 율례를 영원히 행할 것을 강조합니다.(고후9:6)

수고의 결과에 따라 공평하게 주시는 하나님께서는 때에 따라서는 그의 땀 흘림에 수고한대로 은혜의 선물을 넘치게 주심을 기억합시다. 우리 모두에게 주신 하나님의 기업을 충성 되게 행함으로 얻는 특권을 천국에서는 더 큰 상급으로 주심을 기억하며 하나님의 은혜가 넘치기를 기원합니다.

❖ 기 도 ❖

하나님! 우리들은 하나님의 선민으로 온전히 살기를 원합니다. 선민의 기업은 말씀에 굳게서야 함을 압니다. 믿음을 더하여 주옵소서. 예수님 이름으로 기도합니다. 아멘.

그가 이끄시는대로

본문 • 욥기 23:10
찬송 • 544장, 620장

미국의 제22대 대통령 '클리브란트'는 청소년 시절에 불량소년들과 매일 손을 잡고 술집으로 다니며 방탕생활을 했습니다. 어느 날 술친구와 함께 손을 잡고 잡담을 주고받으며 술집으로 가는 길이었습니다. 마침 교회당 옆을 지나가게 되었는데 거기에 크게 성경 구절이 붙어 있었습니다. "죄의 값은 사망이요."(롬6:23) 두 사람은 발을 멈추고 이 성구를 쳐다 보았습니다. 그때 '클리브란트'는 '죄의 값은 사망'이라는 말에 가슴이 찔렸습니다. 자신의 행동과 모습에 대한 사형선고와 같았습니다. 두 사람은 여기서 각기 갈 길을 달리했습니다. 30년이 지난 후 '클리브란트'는 대통령으로 취임을 하고 한 사람은 죄수로 형무소에 갔습니다. 우리가 어느 길로 가느냐에 따라 우리의 미래가 달려 있습니다.

1. 성경에서 말하는 길

예수님께서 말씀하시기를 "내가 곧 길이요 진리요 생명이니…."(요14:6) 세상에는 너무나도 많은 길이 있습니다. 그러나 그 길을 우리가 잘 살펴보고 가야 합니다.

1) 첫째는 사망의 길이 있습니다.

바울이 말하는 죄악의 길이 있습니다. "죄의 값은 사망이요."(롬6:23) 사망의 길이 있습니다. 이 길은 넓은 길이요 결국에는 사망, 곧 지옥으로 가는 길입니다.

2) 둘째는 생명의 길이 있습니다.

생명의 길은 주 예수 그리스도를 믿고 섬기는 자들이 가는 길입니다. 이 길은 좁은 길이지만 그러나 생명으로 가는 길입니다. 예수님께서는 좁은 길로 가라고 했습니다. "좁은 문으로 들어가라…." (마7:13~14) 우리는 날마다 감사하며 이 길을 걷게 하신 하나님의 은혜를 기억하고 우리의 형제자매 일가친척들을 생명의 길로 인도하는 믿음의 사람들이 됩시다.

2. 생명의 길로 가는 자들의 결과는?
1) 영생을 선물로 받습니다.
2) 천국의 영생복락을 누립니다.

그리스도의 풍성한 사랑을 배우고 실천에 옮겨 생명을 살리는 여러분 되시기를 축복 합니다.

❖ 기 도 ❖

하나님! 우리가 하나님 말씀대로 따르기를 원합니다. 신앙도 잘 익은 과일처럼 하나님께 푹 빠지는 믿음을 주옵소서. 그리하여 죽도록 충성하게 하옵소서. 예수님의 이름으로 기도드립니다. 아멘.

의의 무기로 하나님께 드리자

본문 • 로마서 6:12~14
찬송 • 154장, 353장

    4·19때 일어난 사건입니다. 황광 목사는 대광 고등학교 교목으로 있었는데, 대대적인 대모로 인하여 많은 학생들이 피를 흘리며 쓰러져 가고 있을 때였습니다. 학부모들이 몰려와 자기 아이가 대모에 가담할까봐 찾아왔습니다. 정문에는 전투경찰들과 형사들이 대거 집합해 있었습니다. 그때 교목인 황 목사님은 단상에 올라갔습니다. "두 손을 높이 들고 우리 다같이 기도합시다. 다 눈을 감읍시다. 부정과 부패는 정치인들이 저질러놓고 피는 애매한 젊은이들이 흘려야 하는 현실입니다. 이 나라 조국을 위해 나이어린 학생들마저 일어서야 하는 현실은 비통함과 안타까운 현실입니다. 우리에게 조국과 민족과 이 학생들의 운명을 보살펴 주옵소서." 황 목사가 울자 머리를 숙인 학생들이 울고 주위를 둘러선 어머니들이 웁니다. 기도가 끝나자 학생들의 어머니들이 학생들을 향해 "가거라 조국을 위해!", "죽을 지라도 불의를 고발하라!" 교직원 교장이 학생들을 이끌고 교정으로 나갑니다. 이때 경찰들은 다 뿔뿔이 흩어지고 대광 고등학교의 젊은이들이 의의 무기로 사용되었습니다.

1. 불의의 무기가 되지 말자

    인간은 욕망의 도구가 되어 한없이 도전을 하기도 합니다. 바울은 세 가지 죄의 속성을 말했습니다. 그것은 악의, 악행, 탐욕 등을 말했습니다.

첫째, 악의입니다. 이는 행위로는 나타나지 않지만 마음속에 품고 있는 악독을 말합니다.

둘째, 악행입니다. 행위로서 나타나는 것을 말합니다. 이는 마음속에 담고 있는 악의가 나와서 사람에게 피해를 입히는 행위를 말합니다.

셋째, 탐욕입니다. 남의 소유를 내 것으로 만들고자 하는 욕심이 죄를 짓습니다.

성경에 10계명은 "네 이웃의 집을 탐내지 말지니라." 불법의 도구는 지옥으로 갑니다.

2. 의의 무기가 되어

하나님의 자녀가 된 성도는 단순히 죄를 멀리하는 수준에서 벗어나서 적극적인 사고로 하나님의 의를 위해서 노력해야 합니다. 오직 그리스도를 의지할 때 승리합니다.

우리 모든 회원들이 하나님의 영광을 위해서 쓰임 받는 무기들이 다 됩시다.

❖ 기 도 ❖

하나님! 세상에는 각종 무기들이 많이 생산되고 있습니다. 우리도 잘 쓰임 받는 무기로 사용하여 주옵소서. 예수님의 이름으로 기도 합니다. 아멘.

그리스도와 연합된 그룹

본문 • 로마서 6:5~11
찬송 • 254장, 357장

사람의 체온도 연합할 때에 뜨거운 열기를 품어 얼었던 사람이 눈 녹듯 녹아서 살아납니다. 길을 가던 나그네가 쓰러져 있는 나그네를 발견했는데 꽁꽁 얼어 있었습니다. 마사지를 해도 쉽사리 풀리지 않아 인근에 마을이 있는가 하여, 들쳐 업고 산 비탈길을 달려 내려갑니다. 두 사람의 몸이 하나가 되고 이 사람의 몸이 무거워서 땀을 뻘뻘 흘리면서 업고 갑니다. 그런데 얼었던 몸이 풀리고 깨어나서 정신이 들게 되었고 병원을 찾지 않아도 되게 되었습니다. 이같이 연합은 참 아름답습니다.

1. 참된 연합을 위하여

1) 자신의 옛사람을 먼저 십자가에 못 박아야 합니다.

옛사람이란 자신이 살아온 과거를 말하기도 하지만 바울 사도가 말하기를 "우리가 알거니와 우리 옛 사람이 십자가에 못 박힌 것은 죄의 몸이 죽어 다시는 우리가 죄에서 종 노릇하지 않게 하려 함이라."(6) 자신의 살아온 과거의 죄악 된 삶을 그리스도 앞에 나와 죄를 회개하며 새 사람으로서의 삶을 살아가는 것을 말합니다.

2) 새로운 삶을 살기 위해서는 성령을 받아야 합니다.

사람은 그 무엇으로도 자신의 행실을 고치기는 어렵습니다. 그러나 하나님의 인격으로 되어있는 성령은 치료할 수 있는 것입니다. "그는 진리의 영이라 세상이 능히 그를 받지 못하나니…그는 너희와 함께 거하심이라."(요14:17) 성령을 받아야 불의를 물리치고 그리스도와 연합할 수가 있습니다.

2. 연합한 성도의 삶

연합된 성도의 삶이란 에녹과 같이 하나님과 동행하는 삶을 말합니다. "에녹은 육십오 세에 무드셀라를 낳았고."(창5:21) 에녹의 삶을 보면 65세 이후에 하나님과 동행하다가 결국 하나님나라로 갔습니다.

"너희는 먼저 그의 나라와 그의 의를 구하라."(마6:33) 에녹처럼 주님과 연합된 삶을 살아가는 성도들에게 영원히 함께 하십니다.

"볼지어다, 내가 세상 끝날까지 너희와 함께 있으리라."(마28:20)

우리는 무엇을 위해 힘써야 하겠습니까? 항상 기뻐하며 쉬지 말고 기도하면 마음의 소원을 들어주신다고 합니다.(시37:4) 주와 연합하여 은혜가 풍성하기를 기원합니다.

❖ 기 도 ❖

하나님! 주님을 우리에게 보내주셔서 구속의 은혜를 체험하게 하시오니 감사합니다. 이제 온전히 주님과 하나 되게 하시고 허물 많은 베드로를 용서하심과 같이 우리도 주님을 따르기에 부족함이 없게 하옵소서. 예수님의 이름으로 기도드립니다. 아멘.

"나는 하나님을 위한 로비에 전념하고 싶다.
사람은 더 나은 방법을 찾지만 하나님은
더 나은 사람을 찾는다." 〈빌리 그레이엄〉

3월~4월
고난과 부활의 달

삼일절
종려주일
고난주간
부활주일

지금도 싸우는 애국자들 I

본문 • 갈라디아서 5:1, 13
찬송 • 360장, 580장

한때 전국을 떠들썩하게 했던 살인마 김대두. 그러나 그가 예수를 영접하고 변화되어 소원을 아뢰며 기도하는 사람으로 바뀐 것입니다. 그가 어떤 기도를 했습니까? 새벽 4시에 교회당 종소리를 듣고 일어나서 기도드린 내용은 비록 육체는 감옥 안에 감금되어 있으나 그를 불러주신 하나님 아버지께 감사드린다고 하였습니다.

"제가 주님을 영접할 수 있는 영광스러운 이 은혜가 너무나 과분합니다. 지옥 밑바닥에 떨어져야 할 흉악범이 하나님 품에 안기게 하심을 감사했습니다. 새벽마다 간구했던 소망이 이루어지는 날이 되었으니 감사합니다."라는 말을 남기고 사형을 당했습니다.

이세상은 두 종류의 나라로 분리할 수가 있는데, 의의 나라와 무력의 나라입니다.

1. 진정한 자유자는

이제는 현장에서 눈물 없이는 견딜 수 없는 아픔과 고통을 마음으로 그 눈물을 삼키며 이를 악물고 무력 앞에 힘없이 무너지는 존재들. 안 되는 줄 알면서도 항거했던 우리 민족들. 최근 까지도 정신대에 그 진실을 외면한 채 눈을 가리는 저들의 만행들…알고 있으리라. 그 억울함을 보상 받지 못한 채 희생된 그 분들. 오직 주님의 위로만 바라봅니다.

"만군의 여호와 하나님이…바벨론 왕의 멍에를 꺾었느니라."(렘

28:2) 이스라엘 백성들과 왕을 포로로 붙잡아 끌고 갔던 바벨론 왕의 멍에를 꺾었다고 말씀합니다. 심판자 되시는 하나님이 보상해 주실 것입니다. 그날을 바라보며 믿음으로 나갑시다.

2. 부르심을 알아야

본문 13절에서 "자유를 위하여 부르심을 입었으나" 우리가 하나님의 자녀가 됨으로 하나님의 선하신 방법대로 살아가되 자유를 남용하거나 어떠한 특권을 누려서는 안 됨을 지적하고 있습니다. 우리가 할 수 있는 것은 본문에서 말하기를 "그 자유를 육체의 기회로 삼지 말고"라고 했습니다. 사도 바울이 말하는 육체는 부패된 인간을 의미합니다. 욕심대로 가치관도 없이 무분별하게 사는 모습을 가리키는 말입니다.

삼일절을 맞이하여 나라와 민족의 장래를 위해 기도의 무릎을 꿇읍시다.

❖ 기 도 ❖

하나님! 우리 민족이 힘이 없어 침략을 받은 것이 아니라 이 민족의 우상을 섬긴 죄 때문에 어려움을 당한 줄 압니다. 민족의 허물과 죄를 사하여 주시고 회개하는 민족되게 하옵소서. 예수님의 이름으로 기도 드립니다. 아멘.

지금도 싸우는 애국자들 II

본문 • 갈라디아서 5:1, 13
찬송 • 350장, 352장

대한민국이 자유를 되찾기 위해 행했던 투쟁은 불의를 배격하고 숭고한 정신으로 침략자인 일본과의 항거 운동이었습니다.

1941년 미국의 루즈벨트 대통령은 미국 의회에서 네 가지의 자유에 대해 연설을 했습니다. 세계 모든 사람들이 동감하는 것 중에 하나가 자유인 것입니다. 첫째는 언론과 표현의 자유, 둘째는 신앙의 자유, 셋째는 궁핍으로부터의 자유, 넷째는 공포로부터의 자유입니다. 이 연설은 인기가 있었습니다.

일본의 문제점은 자신의 본분을 알지 못하고 기고만장한 병일 것입니다. 일본의 실체는 어떠합니까. 경제적인 부를 가지고 유럽에도 아시아 대표 국가가 되기 위해 로비를 하고 있지만 산당이 늘어나 있는 모습은 안타깝기만 합니다. 저들의 미래를 보면서 회개합시다.

1. 하나님께서 명하신 우상타파

"무릇 이방인이 제사하는 것은 귀신에게 하는 것이요, 하나님께 제사하는 것이 아니니…."(고전10:20) 십계명에도 '모든 형상을 만들고 우상을 섬기는 자들에게는 삼사 대까지 그 죄를 갚되 아비로부터 아들에게로 삼사 대까지 이르게 하거니와 나를 사랑하고 내 계명을 지키는 자에게는 천 대까지 은혜를 베푸느니라.'(출20:4~5) 하였습니다.

2. 지금 애국하는 길은

믿음의 사람들이 이 삼일절을 맞이하여 민족의 아픔을 통분하고 이 민족을 위해 나라를 사랑하는 마음으로 선한 일을 도모해야 할 것입니다. 처음 우리나라에 기독교가 들어와서 '술을 끊으라, 담배를 피우지 말라' 하면서 신앙을 독려 했지만 바다이야기로 망하는 사람들을 보면서 개탄을 금치 못합니다. 무엇이 애국하는 길입니까? 국민성을 고쳐나가야 하겠습니다.

2001년 9월 11일 미국의 테러 사건은 마지막을 경고하는 하나님의 메세지입니다. "근신하라 깨어라, 너희 대적 마귀가 우는 사자 같이…."(벧전5:8~9) 애국하는 길은? 이 민족 앞에 십자가의 사랑을 전하는 자가 애국자입니다. 양심의 자유를 가지고 살아가려고 노력하는 사람이 애국자입니다. 나라를 사랑하고 질서를 지키며 작은 것이라도 공의를 사랑하며 지켜나가는 사람이 애국자입니다. 이것이 애국이요 애국자입니다. 나라를 사랑하며 애국하는 우리 모두가 되시기를 소원 합니다.

❖ 기 도 ❖

하나님! 우리 기독교 신자들이 이 사회에 모범이 되며 민족의 우상숭배의 죄를 회개합니다. 열조의 죄를 용서하여 주소서. 복음이 삼천리 반도 금수강산에 확산되게 하여 주옵소서. 복음의 꽃을 피우게 하옵소서. 예수님의 이름으로 기도드립니다. 아멘.

긍정의 힘

본문 • 고린도후서 1:19~22
찬송 • 180장, 359장

미국에는 오래 전에 작가 미상의 글귀가 벽에 걸려 있었다고 합니다. 이 글귀는 '한밤에 두 죄수가 창 밖을 내다보는데 한 죄수는 흙탕물을 보았고 한 죄수는 창공의 별을 보았다'는 것입니다. 한 죄수는 소망을 가졌고 한 죄수는 소망을 상실한 모습을 보여준 글귀 입니다.

사람은 마음먹기에 달렸다는 말과 같이 우리의 마음과 생각 여하에 따라 큰 차이가 나는 것을 보여줍니다.

1. 하나님의 생각

1) 하나님께서는 우리의 생각을 따라 일하십니다.

하나님의 말씀이 하나님의 생각이요 그 생각이 우리들의 마음에 뿌리를 내릴 때에 우리는 그 말씀의 터 위에서 일하게 됩니다.

2) 하나님께서는 우리들의 생각 이상으로 채워주시는 분이십니다.

"모든 지킬 만한 것보다 더욱 네 마음을 지키라, 생명의 근원이 이에서 남이니라."(잠4:23)

2. 우리가 확신할 것

1) 예수 그리스도를 구세주로 모심으로 우리들이 하나님의 자녀 됨을 확신해야 합니다.

2) 우리가 회개함으로 주 앞에 나가면 구원 받음을 확신해야 합

니다.(욥42:6)

3) 말씀에 순종하는 자에게는 하나님께서 주신 권세가 있음을 확신해야 합니다.(요1:12)

첫째, 구세주를 영접하는 자에게 죄사함의 은혜를 허락하십니다.(시32:5)

둘째, 질병으로 고통 중에 있는 죄인들에게 찾아가셔서 치료하여 주십니다.(말4:2)

셋째, 구세주 안에서 형통함을 주십니다.(시1:3)

넷째, 천국에서 영생복락을 주십니다.(요3:15~16)

3. 하나님의 약속이 보장됨

1) 순종하는 자들에게 하나님의 크신 은혜의 복을 주십니다.(요일2:17)

2) 성령님의 지도와 인도를 받기를 원하는 자들에게 형통함을 주십니다.(대상20:20)

3) 믿고 맡기는 자들에게는 세상 끝날까지 함께 하십니다.(마28:20)

우리가 약속하신 성령님의 인도를 받으며 주 앞에 헌신자들이 되시기를 기원 합니다.

❖ 기 도 ❖

주님께서 믿는 자들에게는 능치 못함이 없다고 하셨습니다. 우리에게 이 큰 믿음을 더하여 주옵소서. 예수님 이름으로 기도합니다. 아멘

예수 그리스도의 십자가 사건 I

본문 • 마태복음 27:45~53
찬송 • 144장, 147장

골고다 산상에 십자가에 높이 달리신 예수 그리스도. 예수님은 장시간 동안 달려 있을 때에 하늘이 캄캄하게 바뀌고 구름이 하늘을 가렸으며 운명하시는 그 순간에 성전 휘장이 위에서부터 아래까지 찢어져 둘이 되었습니다. 이는 하나님과 단절되었던 버림 받은 예수가 다시 영원한 화해를 이루심과 구약의 모든 제사제도와 율법적인 제사를 폐지시키는 사건으로 의미를 부여하고 있습니다. 그리고 운명하신 예수님으로 무슨 사건이 어떻게 일어난 것인가 몇 가지로 살펴보고자 합니다.

1. 캄캄한 어두움이 세 시간 동안 계속됨

45절에 "제 육시로부터 온 땅에 어두움이 임하여 제 구시까지 계속 되더니", "예수께서 크게 소리 지르시고 영혼이 떠나시니라." (50절) 세 시간 동안 양 손과 양 발에서 피가 쏟아지더니 제 구시에 드디어 숨을 거두신 것입니다. 그동안 온 땅에 캄캄함이 임하였습니다. 마치 애굽 땅에서 출애굽 당시 열 가지 재앙 때 삼일 동안 암흑이 덮혔고 해가 제 기능을 발휘하지 못하고 어둠의 시간이 되었던 것을 상기시킨 것입니다.

아모스 선지자는 말하기를 "백주에 땅을 캄캄하게…"(암8:9~10) 라고 한 것은 모든 자연까지도 넉넉하게 바꾸실 수 있는 분으로 묘사하고 있음을 봅니다.

2. 새 언약으로 세워진 은혜

만약에 빛이 없는 세상이라면 우리가 어떻게 살아갈 수가 있습니까. 예수님께서 돌아가시고 안 계신다고 한다면 세상이 어두워서 암흑과 같은 세상에서 우리는 살아갈 수가 없을 것입니다. 그러므로 신자든지 불신자던지 주님 없는 세상을 살아갈 수가 없다는 이 놀라운 사실을 인식하고 우리는 빛 되신 우리 예수님을 마음 가운데 모시고 그분의 뜻대로 살아가는 믿음의 사람들이 모두 될 수 있기를 기도합니다.

3. 성소의 휘장이 찢어짐으로

"이에 성소 휘장이 위로부터 아래까지 찢어져 둘이 되고."(51절) 이 휘장은 성소와 지성소 사이에 막혀있는 천으로서 하나님과 인간과의 죄로 인하여 단절된 길이 열린 것입니다.

① 대속 제물이 되신 예수님께서 죽으심으로 하나님께로 가는 생명의 길을 열어놓으심.(히10:19)을 말합니다.

② 혈통적인 장벽이 무너지고, 성전의 멸망 즉 새 성전인 교회가 탄생됨을 상징합니다.

딱딱하던 구약의 제도가 폐지되고 생명의 길을 열어놓으신 하나님의 은혜를 찬양합시다.

❖ 기도 ❖

주님의 흘리신 보혈의 피는 우리의 죄 때문입니다. 죄로 얼룩진 우리를 용서하여 주옵소서. 예수님의 이름으로 기도합니다. 아멘.

예수그리스도의 십자가 사건 Ⅱ

본문 • 마태복음 27:45~53
찬송 • 265장, 266장

유명한 시인은 말하기를 "십자가를 끌고 가는 것 보다 십자가를 지고 가는 것이 더 쉽다"라는 말은 남겼습니다.

데밀 감독(Cecil Demille)이 만든 영화 '왕중왕'을 제작할 때의 일화가 있습니다. 십자가를 바라보는 많은 군중들이 2백 명이나 동원 되었습니다. 로마병정, 유대인 등 촬영에 들어가기 앞서 그는 "여러분, 5분간만 조용한 시간을 갖고 기도합시다. 다른 신이라도 좋습니다." 장엄한 연주가 시작되었습니다. 감독 자신도 이런 분위기가 나오리라는 것은 상상도 하지 못한 일이었습니다. 많은 사람이 흐느껴 울었고 영화 촬영에 불과하지만 그들의 눈은 십자가에 매료당했으며 로마병정으로 분장한 병사들까지 눈물바다를 이루었다는 사실입니다. 당시의 상황을 데밀 감독은 이야기합니다.

"하나님 자신이 나의 죄를 책임지고 인간이 되셨고 모두에게 감격스러운 사건이다."

1. 땅이 진동하며 바위가 터지고

본문의 사건은 한마디로 하나님의 임재를 뜻합니다. "땅이 진동하며 바위가 터지고."(51절) 이 말씀은 마태복음만이 독특한 기록으로 되어있습니다. 성전 휘장이 찢어짐과 동시에 땅이 진동하며 바위가 터지고 갈라지는 역사를 말하고 있습니다. 이 역사적인 사건을 54절에 "이는 진실로 하나님의 아들이었도다 하더라."고 합니다.(마27:54;막15:39) 본문을 보면 백부장과 그와 함께 이 사건을 지키는 자들이 하나님의 아들이었음을 증언하고 있었던 것입니다. "여호와께서 지나가시는데 여호와 앞에 크고 강한 바람이 산을 가르고 바위를 부수나 바람 가운데 …세미한 소리가 있는지라."(왕상19:11~12)라고 말하고 있습니다.

2. 무덤 문이 열리는 역사

본문은 "무덤 문이 열리며 자던 성도의 몸이 많이 일어나되 예수의 부활 후에 그들이 무덤에서 나와서 거룩한 성에 들어가 많은 사람에게 보이니라."(52~53절) 마태만이 특이하게 본문을 잘 묘사하였습니다. "주 여호와께서 이같이 말씀하시기를 내 백성들아 내가 너희 무덤…너희는 내가 여호와인 줄 알리라."(겔37:12~13)

첫째, 사망을 이기신 예수 그리스도의 승리가 생명력이 넘치는 영향력을 상징합니다.

둘째, 예수께서 성도들의 첫 열매가 되심을 생생하게 증거하는 사건입니다.(53절)

셋째, 예수그리스도의 죽음과 부활로 말미암아 음부에서 승리하셨음을 상징합니다.

부활신앙으로 새롭게 주님을 사랑하고 구원을 확신합시다.

❖ 기 도 ❖

영생을 주시고자 예수님께서 이 땅에 오셨고, 십자가로 승리하신 그 은혜를 감사하오며 예수님의 이름으로 기도합니다. 아멘.

룻과 보아스

본문 • 룻기 2:10~12
찬송 • 330장, 597장

자신의 말 한마디가 천 냥 빚을 갚는다는 말이 있습니다.

본문에 등장한 두 사람은 얼마나 두 사람의 마음으로부터 흘러 나오는 말 한마디가 얼마나 큰 감동을 주는지 모릅니다. 여성들은 이러한 따뜻함이 풍겨 나와야 하겠습니다.

사람이 상대방의 마음을 끄는데 여러 가지 방법이 있겠으나 그 중에서 상대방의 마음과 호기심을 얻을 수 있는 방법은 그의 태도에 달려있습니다.

1. 이방 여인 룻

전통적으로 히브리인들은 이방 여인들을 천하게 여겼습니다. 이같은 관습은 율법이 이방인과 결혼을 금지시킨 것에 연유가 됩니다.(신7:3) 그러나 본질적으로 율법이 이방 여인과의 결혼을 금지시킨 것이 아니라 종족의 순수성을 지켜나가기 보다는 종교의 순수성을 지켜 나가기 위해서 입니다. "룻이 엎드려 얼굴을 땅에 대고 절하되"(10절) 룻은 자신이 이방 여인인데도 불구하고 배려하는 보아스에게 너무나도 큰 은혜를 받은 것입니다. 그는 겸손하게 "내주여 당신께 은혜 입기를 원하나이다."(13절)라고 했던 것입니다. 그는 하나님을 잘 모르는 이방 여인임에도 불구하고 그의 행위와 태도는 모든 사람들로 하여금 감동을 줄만한 일입니다. 섬기는 마음으로 회원이 되고 봉사한다면 크게 부흥되리라 믿습니다.

2. 상대를 배려하는 마음

13절에 "나는 당신의 하녀 중의 하나와도 같지 못하오나, 당신이 이 하녀를 위로하시고 마음을 기쁘게 하는 말씀을 하셨나이다." 우리 모임은 믿음의 역군들의 모임이요 기관입니다. 보아스의 배려도 크지만 룻의 감사하는 태도는 얼마나 아름답습니까?

우리 교회가 서로를 아끼고 사랑하며 봉사하고 섬긴다면 교회뿐만 아니라 나가서 이 사회도 밝아지리라 믿습니다. 이 믿음과 봉사 정신으로 섬기며 나갈 때 승리하리라 믿습니다.

"죽도록 충성하라 그리하면 내가 생명의 면류관을 네게 주리라."(계2:10)

❖ 기 도 ❖

하나님! 예수님께서 죽음의 권세를 깨트리시고 부활하실 때 맨 먼저 무덤으로 달려갔던 여인들을 사랑하신 그 모습을 상상해 봅니다. 연약한 자들에게 성령의 능력과 불붙는 신앙으로 뜨겁게 하옵소서. 사탄의 권세를 깨트리시고 승리하신 그 믿음을 주옵소서. 우리 구주 예수님의 이름으로 기도드립니다. 아멘.

마음을 같이한 마리아회

본문 • 사도행전 1:14
찬송 • 249장, 450장

사람이 마음이 없으면 인형과 같다는 말이 있습니다. 사람에게 있어서 마음은 얼마나 소중합니까? 인간의 참된 본질은 그 외면에 아름다움이나 힘에 있는 것이 아니라 그 내면에 존재합니다. 그러기에 하나님께서는 "내가 보는 것은 사람과 같이 아니하니 사람은 외모를 보거니와 나 여호와는 중심을 보느니라."(삼상16:7)고 하셨습니다. 다윗도 말하기를 "나의 하나님이여 주께서 마음을 감찰하시고 정직을 기뻐하시는 줄 내가 아나이다."(대상29:17) 이같이 성도들의 마음을 감찰하십니다.

1. 마음을 같이한 여인들처럼

1) 어떻게 해야 우리가 하나가 되어 성장하겠습니까?

"너는 마음을 다하고 뜻을 다하고 힘을 다하여 네 하나님 여호와를 사랑하라."(신6:5) 먼저 여호와를 사랑하는 마음이 있어야 합니다. 진정으로 여호와를 사랑한다면 마음이 하나가 되고 서로 사랑하므로 뜻이 모아지고 전혀 기도에 힘쓰는 초대 교회와 같을 것입니다.

2) 이들의 기도는 어떤 모습이었습니까?

예수님은 아우들과 함께 힘을 모아 기도에 힘쓰셨습니다. 여기서 예수의 아우들이란 야고보, 요셉, 유다, 시몬입니다.(마13:55;막6:3) 예수님의 아우들은 처음에는 예수를 믿지 않았으나 예수님의 부활 후에 예수님을 믿었고 예루살렘 교회에 중직이 되었다고 전해 내려오고 있습니다. 우리모임과 우리기관만 위해서 기도하는 것이 아니라 연합하는 아름다움이 있어야겠습니다.

2. 전혀 기도에 힘쓰는 마리아 기도회

교회가 성장하기 위해서는 무엇보다 기도하는 교회가 되어야 합니다.

우리들은 소돔 고모라 성에 거주하고 있는 아브라함에게 찾아온 세 분의 주의 사자들에게 소돔성 롯의 일가를 살리기 위해 얼마나 간구했습니까. 교회와 모임이 활성화되기 위해서는 끊임 없는 기도가 밑받침 되어야겠습니다.

생명을 건 기도는 많은 영혼을 살릴 뿐만 아니라 교회에도 꼭 필요한 기관으로 거듭날 수 있게 합니다. 주의 은혜가 충만하기를 기원합니다.

❖ 기 도 ❖

하나님! 감사가 넘치는 삶이 되기를 원합니다. 모든 사람들이 하나님 없이는 살지 못함을 알게 하여 주옵소서. 감사의 물결이 세계로 뻗어가게 하옵소서. 예수님의 이름으로 기도합니다. 아멘.

하나가 되는 기관으로

본문 • 사도행전 2:43~47
찬송 • 505장, 529장

우리나라는 예부터 전해 내려오는 말이 하나 있습니다. 일본 사람은 삶은 팥이요, 한국 사람은 생팥이라고 합니다. 그만큼 한국 사람은 독특한 점은 많이 있지만 단결심이나 연합하는데 약하다는 말을 빗대어 한 말입니다.

1. 하나가 되기 위해서는
1) 성령의 능력을 받아야 합니다.
우리는 기도하는 교회로 거듭나야 하겠습니다. 항상 성령님은 연합을 추구합니다. 초대 교회가 날마다 기도에 힘쓴 이유는 모두가 하나되기 위함이었습니다. 하나가 되는 것에 남자와 여자의 구분이 없습니다.

2) 주의 사랑으로 실천하는 기관으로 거듭나야 하겠습니다.
"믿는 사람들이 다 함께 있어 모든 물건을 서로 통용하고."(44절) 하나님의 사랑이 우리 회원들 심령에 묻어지면 하나가 될 수밖에 없습니다.

2. 모이기를 힘쓰는 기관이 되기 위해서는
1) 사명에 불타야 합니다.
진정한 회개를 체험한 그리스도인들은 반드시 믿음의 행위가 나타나게 되어있습니다. 이 사명은 우리가 "주님 무엇을 하리이까."

(행22:10).무엇을 해야 할 것인지 주님께 간구함으로 사명을 감당하게 됩니다.

2) 각자에게 숨어있는 은사를 개발해야 합니다.

은사는 우리들에게 값없이 주시는 선물입니다.

그러나 그 사람의 성품이나 달란트에 맡도록 일하게 하시는 분은 성령님이십니다. 초대 교회는 이 은사가 나타남으로 서로 협력하는 은혜가 있었습니다.

우리 모두 힘을 합쳐서 고난을 활성화시키고 뜻을 모아 기도한다면 우리 기관이 살고 교회가 살고 나가서는 우리 가정에도 하나님의 큰 축복하심이 있으리라 여겨집니다. 오직 하나가 되어 주를 기쁘게 하기 위해 경건한 삶을 살아갑시다. 여러분의 기업과 가정에 경건한 후손들을 통해서 큰 은혜와 축복이 있기를 기원합니다.(말2:15)

❖ 기 도 ❖

하나님! 성령의 불꽃이 타게 하옵소서. 예수의 향기를 뿜어내는 기관이 되게 하옵소서. 믿음의 후손들이 이 나라를 이끌어 가게 하옵소서. 이 나라가 하나님의 쓰임 받는 복을 주옵소서. 우리를 죄와 사망의 고통에서 건져주신 예수님의 이름으로 기도합니다. 아멘.

청결한 마음

본문 • 마태복음 5:8
찬송 • 463장 520장

인도의 간디 수상은 인도인들의 우상이요 그분의 이름만 들어도 복이 된다고 하는 정신의 지주입니다. 그러나 기독인들의 편견에 훌륭한 인재를 놓쳐 버린 일이 아쉽기만 합니다.

그가 영국에서 유학시절에 어느 한 교회를 찾아갔었는데 피부색이 다르다고 하여 천시여기고 따로 앉게 함을 당한 뒤로부터 예수의 산상수훈은 너무나 마음에 끌리지만 나는 평생 동안 기독인은 되지 않겠노라고 맹세를 했다 하니 우리의 편파적인 잣대가 교회 안에서 있어서는 안 된다는 뼈저린 교훈을 남긴 사례가 되고 말았습니다.

1. 청결한 마음의 뜻은

'청결하다'는 것은 하나님과의 관계가 바르게 맺어졌다는 것을 뜻합니다.

첫째, 깨끗하다는 것입니다. 이는 육체나 옷이나 방안이나 물이나 예배당이나 더러움이 없는 상태를 말합니다.

둘째, 알곡과 쭉정이 중에 쭉정이는 걸러내고 알곡만 남은 상태를 말합니다. 인간의 상태를 말한다면 죄가 완전히 제거된 상태, 거짓이 제거된 마음의 상태입니다.

셋째, 정예의 군대를 말합니다. 기드온의 300명의 용사는 비겁한 자, 불평한 자, 부적격자 등을 퇴출한 정예군을 말합니다.

넷째, 하나님과의 바른 관계를 말합니다.

다섯째, 기도의 제목이 깨끗함을 말합니다.

여섯째, 구제와 선행에도 깨끗함을 말합니다.

2. 하나님을 볼 수 있다

하나님을 본다는 것은 문자적으로는 미래형이지만 실제로는 영적으로 만나는 것을 말하고 있습니다. 출애굽기에서는 하나님을 본 자는 그 자리에서 죽어 살아남지 못한다고 했습니다. 미래형으로 해석을 한다면 장차 우리가 천국에서 하나님을 뵈올 날이 올 것입니다. "사랑하는 자들아…."(요일3:2~3) 사도 요한이 지금은 그 형상이나 모습을 볼 수 없지만 그러나 하나님을 보기를 사모하는 자들은 자신을 잘 관리함을 말씀하고 있습니다. 그리고 천국에서는 확연히 볼 수 있음을 필역하고 있습니다.

우리 모두가 청결함을 유지하며 바른 신앙 바른 진리를 간구하여 교회를 살리고 기관을 살리며 나라와 민족의 등불로 세워가시기를 기원합니다.

❖ 기 도 ❖

하나님! 그렇게 청결함을 원하시는데 우리는 마음속에 쭉정이로 가득합니다. 용서하여 주옵소서. 하나님의 거룩함을 덧입게 하옵소서. 주님의 이름으로 기도드립니다. 아멘.

구속의 완성으로서의 부활

본문 • 요한복음 10:17~18
찬송 • 160장, 166장

예수 그리스도의 십자가 사건 이후에 속사도시대에 있었던 요세푸스(A.D.37~100)는 유대의 역사가이며 유대나라의 장군이었습니다. 그는 예루살렘에서 출생하였고 교육을 받아서 예수님 당시의 사건을 기록으로 남긴 인물 중에 대표자라고 평할만한 인물입니다. 그가 남긴 그리스도의 이야기는 "이때에 예수가 계셨다"는 산 증거였습니다.

1. 예수를 십자가에 내어주심

"예수는 우리가 범죄한 것 때문에 내줌이 되고 또한 우리를 의롭다 하시기 위하여 살아나셨느니라."(롬4:25)

왜 십자가에 달리기까지 해야 했습니까? 인간과의 화해를 이루기 위한 것이요, 인간들을 더럽힌 죄를 없이 하기 위해서 십자가의 고난이 필요했던 것입니다.

인간은 모두가 다 범죄했고 모태의 태중에서부터 죄 중에 태어났던 것입니다. 이러한 이유로 십자가를 짊어지게 했던 것입니다. "그가 찔림은 우리의 허물 때문이요 그가 상함…."(사53:5) 인간은 억만 가지 허물과 죄로 말미암아 죽어야 하는데 그 죄를 깨끗하게 씻어주시고자 십자가를 지셨고 그것으로 만약에 끝이었다면? 그러나 주님은 사흘 만에 무덤 문을 열고 부활하셨으니 얼마나 큰 은혜요 축복이 되는지 말로는 다 표현을 할 수가 없습니다.

2. 첫 열매로 부활하심

"이제 그리스도께서 살아나사 잠자는 자들의 첫 열매가 되셨도다."(고전15:20)라고 말씀하셨습니다. "사망이 한 사람으로 말미암았으니 죽은 자의 부활도…."(고전15:21) 사도 요한은 예수님의 권세에 대해서 말씀하시면서 예수 그리스도는 모든 것이 가능하신 분으로서 "내가 내 목숨을 버리는 것은 그것을 내가 다시…."(요10:17) 예수님의 이런 결단으로 말미암아 더욱 아버지께 사랑을 받게 된 것이요, 예수 그리스도는 어떠한 힘이나 권력에 의해서 자신의 목숨을 대속물로 준 것이 아니라 "내가 스스로 버리노라." 하시면서 또 말씀하시기를 "나는 버릴 권세도 있고 다시 얻을 권세도 있으니 이 계명은 내 아버지에게서 받았노라."(요10:18)

이제까지 그 누구도 행하지 못한 일을 이루기 위해서 십자가의 죽으심과 삼 일만에 다시 살아나사 부활하신 이 사건은, 십자가의 비밀을 완성하신 사건입니다.

이스라엘 백성들은 수확한 첫 단을 감사하면서 절기를 지키듯이 예수님은 첫 열매가 되심을 의미합니다. 우리는 이 큰 비밀을 깨달았으므로 더욱 구원의 은혜를 감격하면서 주님께 영광을 돌리는 모두가 됩시다. 부활의 주님을 찬양합시다.

❖ 기 도 ❖

부활의 첫 열매가 되도록 인도하신 주님으로 인하여 더 성숙한 믿음의 사람이 되기를 원합니다. 성령의 불타는 교회와 가정되게 하옵소서. 예수님의 이름으로 기도합니다. 아멘.

"내가 염려하는 것은
하나님이 내 편인가 아닌가 하는 것이 아니라
내가 하나님 편인가 아닌가 하는 것이다." 〈에이브러햄 링컨〉

5월
사랑과 화목의 달

어린이주일

어버이주일

복 받는 후손

본문 • 시편 144:12~15
찬송 • 324장, 338장

하나님의 말씀인 성경을 열기만 하면 하늘나라의 보화와 풍성한 은혜가 태산처럼 쌓여 있음을 볼 수 있습니다.

시편을 노래하는 저자는 사랑하는 후손들이 어리다가 장성한 나무처럼 인격도 믿음도 잘 성장하는 모습을 노래하고 있습니다. 궁전에 식양대로 아름답게 잘 다듬은 모퉁잇돌처럼 튼튼하게 자라나는 모습을 상징적으로 표현하고 있습니다.

1. 하나님께서 허락하신 후손

하나님께서는 인생들에게 복을 주시고자 가정을 허락하시고 그 제도 속에 번성하고 충만하라고 하셨습니다. 본문에 보면 "우리 아들들은 어리다가 장성한 나무들과 같으며"(12절) 이 말이 의미하는 것은 이스라엘의 신정국가는 연약했으나 하나님께서 복을 주시므로 강대국이 되었음을 비유하고 있는 말입니다. 다윗은 성군으로서 그 힘이 확대 될 때에 주변 국가를 다 통치했던 시절을 연상하며 노래한 것입니다. 우리도 하나님의 도우시는 은혜가 없으면 모든 것들이 다 허사임을 교훈해주고 있습니다.

2. 풍족함을 주심을 감사

1) 백곡을 실은 것처럼 무게가 있어야 합니다.

우리말에는 '빈 수레가 더 요란하다' 또는 '잘 익은 벼가 고개를 숙인다' 등 여러 수식어가 있습니다. 배움의 터전에서 학문과 지식을 습득하고도 하나님을 아는 지식과 지혜를 쌓아야 하겠습니다. 이러한 식견을 높이고 잘 다듬은 인재로 성장하기 위해 겸손하게 배움을 높여야 하겠습니다.

2) 무겁게 실은 수소처럼

사람들은 어느 대통령을 보고 너무 가볍다, 무게가 없다고 합니다. 이유는 국제적인 안목이 없기 때문입니다. 그렇다면 경험과 지식도 많은 훈련도 필요한줄 압니다. 강하고 담대함도 필요하고 도량도 넓혀서 하나님을 아는 일에 힘써야 하겠습니다.

15절을 기억합시다. "여호와를 자기 하나님으로 삼는 백성"이 같이 하나님으로 시작하고 하나님으로 마감하는 믿음의 사람으로 세워 질 때에 모든 일에 임마누엘의 복으로 함께 할 것입니다.

이제부터는 "율법의 말씀을 주야로 묵상하는 자…그가 하는 모든 일이 다 형통하리로다."(시1:2~3) 주를 높이는 모두가 되시기를 축복 합니다.

❖ 기 도 ❖

하나님! 우리의 후손들이 하나님을 아는 일에 힘쓰도록 인도하여 주옵소서. 우리의 인격과 지식으로는 땅 끝까지 복음을 수출할 수가 없습니다. 갑절의 영감을 주셔서 이 나라가 세계에 복음으로 꽃피울 수 있도록 하여 주옵소서. 예수님의 이름으로 기도 드립니다. 아멘.

기도에 대한 일반적인 견해 I

본문 • 시편 107:6~7
찬송 • 364장, 456장

1. 왜 기도를 해야 합니까

그 해답은 여러 가지로 정의할 수 있습니다. 그 이유를 살펴본다면 다음과 같습니다. 인생이 연약한 존재이기 때문입니다. 앞 못 보는 인생이기에 하나님을 찾습니다. 범죄하고 타락한 인생들이기에 죄 사함을 받아야 하기 위해서 입니다.(시69:14) 세상 환난을 피할 수 있는 길은 오직 구주 예수 그리스도 외에는 없기 때문입니다.

"이 곤고한 자가 부르짖으매 여호와께서 들으시고 그의 모든 환난에서 구원하셨도다."(시34:6) 그러므로 연약한 인생들은 하나님을 찾지 않으면 살 수가 없는 것입니다.

2. 기도는 어떤 자세로 해야 합니까

1) 간절하게 해야 합니다.

"내 마음이 여호와로 말미암아 즐거워하며…내 원수를 향하여 크게 열렸으니 이는 내가 주의 구원으로 말미암아 기뻐함이니이다."(삼상2:1;왕하20:3;시5:2;행10:2)

2) 무릎을 꿇고 겸손한 자세로 해야 합니다.

"솔로몬이 무릎을 꿇고"(왕상8:54;18:42;시95:6;단6:10눅22:41;행7:60;9:40;엡3:15~)

3) 예수님의 이름으로 해야 합니다.

"두세 사람이 내 이름으로 모인 곳에는 나도 그들 중에 있느니

라."(마18:20;요14:13;15:16;엡5:20;골3:17)

기도를 받으시는 대상은 하나님이신데 우리들이 감히 어떻게 하나님을 우러러 볼 수가 있습니까. 그러나 우리의 죄를 담당하시고 십자가를 지신 그분 예수님의 이름 때문에 기도가 상달이 되는 것입니다.

3. 기도는 반드시 응답의 약속이 있습니다

물론 약속의 말씀은 신속하게 오기도 하지만 더디게 올 때도 있습니다. 그러나 중요한 것은 우리의 입장을 잘 감찰해서 더 유익한 방향에서 응답하신다는 것입니다.

이 시간에 우리 함께 간절한 마음으로 기도를 합시다. 응답해주심을 믿고 기도합시다. 뜨거운 성령의 불을 받으시기를 바랍니다.

❖ 기 도 ❖

하나님! 우리가 미련해서 하나님을 찾는 방법조차도 잘 몰랐습니다. 용서하여 주옵소서. 거룩하신 하나님의 은혜를 바로 알게 하옵소서. 예수님의 이름으로 기도합니다. 아멘.

기도에 대한 일반적인 견해 Ⅱ

본문 • 마태복음 21:22
찬송 • 191장, 361장

여러 해 전 아폴로13호를 달나라를 향해서 띄울 때에 과학자들이 말하기를 "이 아폴로13호는 과학을 총망라해서 만든 것이므로 아주 완전한 것이다. 이것이 고장 날 확률은 백만 분의 일이다."라고 했습니다. 그런데 얼마 후에 이 아폴로13호가 고장이 났다는 것입니다. 이 사건으로 전 미국의 시민들이 비상사태임을 직시하고 기도하기 시작했는데 이 사건은 미국 타임 지 표지에 크게 게재되었습니다.

13호의 비행사중 한 사람인 '수위 저'(Swigert)씨는 기자회견 석상에서 "우리들은 지구에 계신 여러분들과 함께 하나님께 열심히 기도했습니다. 기도의 힘으로 돌아왔다고 확실히 믿습니다."라고 간증을 했습니다.

1. 기도응답의 약속은

1) 기도는 반드시 응답이 있습니다.

"그들이 내게 부르짖으면 내가 반드시 부르짖음을 들으리라." (출22:23; 신4:29; 렘19:13; 33:3)

2) 기도한 것은 다 받습니다.

"너희가 기도할 때에 무엇이든지 믿고 구한 것은 다 받으리라." (마21:22; 막11:24; 눅18:7; 약1:5)

3) 구한 것을 주십니다.
"하나님께 구하라 그리하면 주시리라."(약1:5)

2. 기도하는 자에게 주시는 복이 있습니다
1) 한나의 소원을 들어 주셨습니다.(삼상1:20)
2) 모든 것을 회복시켜 주십니다.(욥33:26)
3) 이른 비와 늦은 비로 풍성한 열매를 주십니다.

"하나님이여 주께서 흡족한 비를 보내사 주의 기업이 곤핍할 때에 주께서 그것을 견고하게 하셨고."(시68:9), "다시 기도하니 하늘이 비를 주고 땅이 열매를 맺었느니라."(약5:18)

기도는 해도 되고 안 해도 되는 것이 아닙니다. 기도는 성도들의 호흡이라고 했습니다. 5분만 숨을 멈추어도 생명이 끊어지듯이 영적 생명이 죽습니다. 기도는 의무요 사명입니다. 우리들의 기업을 위해서, 우리들의 그룹을 위해서, 우리들의 교회를 위해서, 그리고 사랑하는 내 자녀 우리 가족 나아가서는 세계를 품을 수 있는 인재들이 많이 나와 이 나라에 훌륭한 역군들을 많이 배출 하는 교회와 가정이 되시기를 기원합니다.

❖ 기 도 ❖

인생들의 죄를 사하여 주시어서 구원을 완성하신 거룩하신 하나님! 참으로 이 시대에 쓰임 받는 일꾼이 되기를 소원합니다. 하나님을 잘 섬길 수 있도록 지혜를 더하여 주시옵소서. 그리스도의 풍성한 사랑을 전파하게 하옵소서. 예수님의 이름으로 기도 드립니다. 아멘.

합심기도의 유익

본문 • 사도행전 4:30~31
찬송 • 364장, 365장

병중에 기도한 가련한 소녀는 이름도 없이 빛도 없이 간구했는데, 하나님께서 그 기도를 통해 비록 자신의 불구는 그대로 두셨지만 많은 전도의 열매를 맺게 하셨습니다. 한 불구의 소녀가 오랫동안 불치의 병으로 누워 있었습니다. 활동이 부자연스러운 이 소녀의 불편함을 아신 목사님께서 심방을 오셔서 하시는 말씀이 비록 활동은 못하지만 여기서 기도하면 하나님께서 좋은 일을 허락하실 터이니 용기를 가지라고 하고서 가셨습니다. 그런데 얼마 후부터 교회가 새 가족이 늘어나고 전도가 되어서 부흥하고 있다는 소식이 들린 것입니다. 이 소녀가 세상을 떠난 후 놀라운 비밀을 알게 되었습니다. 그의 베개 밑에 56명의 새신자의 명단이 빽빽히 새겨져 있었던 것입니다. 새신자의 숫자가 56명인데 그의 베개 밑에 명단이 꼭 56명이 였습니다.

1. 하나님께서 각자에게 은사를 주셨습니다

주신 달란트를 잘 활용하여 합심하면 큰 역사가 일어납니다. 여기에 진정한 형제의 단합을 만들어야 합니다. 신실한 기도는 응답하십니다.

2. 합심기도는 기도의 힘을 더해 갑니다

한 사람의 기도의 힘은 그 사람에게만 있을 수 있습니다. 그러나 힘을 모아 다 함께 기도한다면 뜨거운 열기가 넘쳐나 50배, 100배로 확대 될 수가 있습니다. "한 사람이면 패하겠거니와 두 사람이면 맞설 수 있나니 세 겹 줄은 쉽게 끊어지지 아니하느니라."(전 4:12)

3. 오순절 마가의 다락방 기적을 체험해야 합니다

1) 빌기를 다할 때에 하나님의 능력의 역사가 일어났습니다.(31)

초대 교회가 성도들이 합심하여 공동생활을 하면서 기도하는 중에 성령의 위대한 역사를 체험한 것입니다.

2) 저들은 올바른 기도를 통해서 사랑의 손길로 서로가 섬기는 자들이 되었습니다.

뜨거운 열기로 초대 교회는 전도의 불이 붙었습니다. 우리 모두는 주님을 기쁘게 하는 믿음들이 되어서 여러분의 직장과 일터에 풍성한 수확이 있기를 기원 합니다.

❖ 기 도 ❖

하나님! 우리 모두가 성령님께 순종하여서 이 성령의 불길이 산골짜기나 도시에나 어디든지 전해지게 하여 주옵소서. 뜨거운 성령의 열기가 이 강산에 타오르게 하옵소서 우리가 그 성령님의 실체를 체험하게 하옵소서. 예수님의 이름으로 기도합니다. 아멘.

기독교의 가정

본문 • 잠언 19:13~17
찬송 • 559장, 579장

올바른 가정은 남녀가 서로 사랑하며 한 부부가 되어서 거기에서 출생한 자녀와 형제와 근친으로 구성된 곳이며 연령, 세대, 성이 다른 자로 구성이 되어 있어도 누가 뭐라 하지 않는 곳이며 서로 감정으로 융합되어서 사랑하고 아끼며 하나님 중심으로 돕고 사는 곳이라고 정의해 볼 수 있습니다. 그러나 기독교 가정이 이런 것만으로는 부족합니다. 가정은 서로 사랑하고 존경 받는 곳, 그것이 가정입니다.

1. 불행한 가정의 문제점

1) 미련한 아들

"지혜로운 아들은 아비를 기쁘게 하거니와 미련한 아들은 어머니의 근심이니라."(잠10:1) 그런데 본문은 뭐라 합니까. "미련한 아들은 그의 아비의 재앙이요."(13) 여기서 말하는 할 수 없는 큰 낭패를 당한 것으로 표현하고 있습니다.

2) 다투는 아내

다투는 아내로 인하여 생기는 폐단은 떨어지는 물방울로 비교하고 있습니다. 고대 이스라엘 주택들은 보통 평면으로 집 구조가 되어 있었습니다. 계명을 지키는 자는 자기의 영혼을 지키거니와 자기의 행실을 삼가지 아니하는 자는 죽으리라."(16절)

2. 행복한 가정

행복한 가정은 어떻습니까? 행복한 가정은 우선 하나님의 사랑 안에서 서로 신뢰하는 믿음의 바탕에서 이루어진다고 보겠습니다. 14절에 보면 여기에 가정의 중심은 뭐라해도 슬기로운 아내가 가정을 굳건하게 지키는 것이 매우 바람직함을 언급합니다. 그리고 본문은 "슬기로운 아내는 여호와께로서 말미암느니라."(14절)고 합니다. 하나님 중심의 가정이 되어야 합니다.

3. 행복은 기독교 신앙의 가정이 될 때에

기독교 가정은 우선 기독교 신앙의 중심적인 가정이 되어야 합니다. 이스라엘 백성들의 문화는 참으로 가정을 중심으로한 신앙의 가정이었습니다. 옛 문화적인 역사를 거슬러 올라가 살펴보면 아모스 선지자는 목동 출신이었지만 하나님의 묵시를 탁월하게 밝히 말씀 하였습니다. 이러한 기독교의 신앙이 될 때에 참으로 행복한 가정이 됩니다.

기독교 가정은 천국의 모형임을 기억합시다. 우리 모두는 하나님을 힘입어 슬기로운 가정으로 꽃피우시기를 축복합니다.

❖ 기 도 ❖

하나님! 우리가정을 구원의 반열에 세워 주심을 감사합니다. 빛과 소금되어 어두운 곳에 가서 복음으로 꽃피우게 하여 주옵소서. 예수님의 이름으로 기도 드립니다. 아멘.

"우리가 연단이라고 부르는 것을 하나님은 기회라고 부르신다." 〈니체〉

6월~7월
경건과 기도의 달

현충일

6·25

맥추감사주일

하나님께서 원하시는 세계 I

본문 • 이사야 2:2~4
찬송 • 306장, 358장

이스라엘과 아랍간의 6일 전쟁 때의 사건입니다. 네게브 계곡 전투에서 모 중대를 지키고 있던 이스라엘군 20명이, 이집트군 3개 사단의 공격을 받고 미사일을 발포하면서 결사적으로 공격을 반격할 때 갑자기 이집트군 2개 사단이 달아나고 1개 사단은 두 손을 들고 항복해 왔습니다. 그런데 이집트군이 나중에 이스라엘군들이 그곳에 20명밖에 없었다는 말에 깜짝 놀라며 다른 병사들은 어디 갔느냐고 물었습니다. 이스라엘군은 처음부터 20명밖에 없었다고 하자 이집트군은 많은 군대를 목격하고 항복했다는 것입니다. 이집트군들이 목격한 다른 군대란, 하나님께서 파견한 군대였던 것입니다. 성경적인 사건입니다.

1. 전쟁의 문제점

하나님께서는 평화로운 세계를 원하셨습니다. 그러하기에 본문의 말씀에서도 보면 "칼을 쳐서 보습을 만들고 그들의 창을 쳐서 낫을 만들 것이며."(5절)

3세기 교회법에 의하면 목사로서 농사나 직업군인이나 이발사, 수술 의사나 대장장이 등은 겸할 수가 없었다고 합니다. 그 이유는 군인이나 이발사, 수술 의사나 대장장이는 공통적으로 피를 보는 직업이기에 성스러운 일을 감당할 수 없다는 이야기 입니다. 그중에 대장장이는 더욱 금하였는데, 이유는 그들이 피를 보는 도구를 생산하기 때문이었습니다.

하나님께서는 평화를 원하고 전쟁을 원하시지 않습니다.

이 전쟁은 국가의 힘으로 무력행사를 했기에 용납될 수 없는 행위 입니다. 전쟁은 국가와 민족을 피폐하게 만든 행위이기에 용납할 수가 없는 것입니다. 국민 생활에 모든 분야를 혼란 속에 빠트리는 주범이기 때문에 문제가 됩니다. 현대 전쟁은 천문학적인 핵무기 개발로 정복자나 피정복자가 다같이 큰 피해를 입기 때문입니다. 또한 우리가 기억해야 할 일은 마귀적인 행위가 배후에 있기에 더욱 경계해야 한다는 것입니다.

2. 하나님의 산으로 올라가라
 1) **율법이 시온산에서부터 나오며.**
 2) **여호와의 말씀이 예루살렘에서부터 나온다.**

오직 하나님의 교회를 상징하는 시온 산으로 올라가 하나님께 간구하여 평화를 만들어가는 우리 지체들과 우리 교회가 되도록 기도의 무릎을 꿇으면 승리를 주시는 하나님의 위대한 역사를 우리에게 안겨주실 것입니다.

❖ 기 도 ❖

평화의 주인 되시는 하나님 우리 아버지! 이 강산에 다시는 전쟁이 일어나지 못하게 하시옵고 평화로운 세계가 되게하여 주시옵소서. 예수님의 이름으로 기도드립니다. 아멘.

하나님께서 원하시는 세계 Ⅱ

본문 • 이사야 2:2~4
찬송 • 357장, 360장

하나님께서 원하시는 세계는 평화로운 세계입니다. "무리가 그들의 칼을 쳐서 보습을 만들고 그들의 창을 쳐서 낫을 만들 것이며."(4절)

1. 평화를 위해 힘써야

주님께서 이룩하고자 원하시는 세계는 이 땅에 평화가 정착되고 땅끝까지 이르러 복음이 전파되며 모두가 구속의 은총을 힘입어 이 땅에 사랑과 공의가 실현되는 평화스러운 세계입니다. 어떠한 목적으로 시작되었던지 전쟁은 파멸이요 침략자든지 방어자들이든지 모두가 다 패망하게 되는 것입니다.

2. 평안을 얻는 방법

① 여호와의 교훈을 지킬 때에 평안을 얻습니다.

"네 모든 자녀는 여호와의 교훈을 받을 것이니 네 자녀에게는 큰 평안이."(사54:13) 여호와의 교훈을 지킬 때에 평안을 주십니다.

② 주안에 거할 때에 평안을 누립니다.

"이것을 너희에게 이르는 것은 너희로 내 안에서 평안을 누리게 하려 함이라."(요16:33) 평안을 누리게 하십니다.

③ 선을 행하므로 평안을 만들어 갑니다.

"선을 행하는 각 사람에게는 영광과 존귀와…유대인에게요 그리고 헬라인에게라."(롬2:10) 선을 행하라고 하십니다.

④ 하나님을 믿을 때 평안을 만들어 갑니다.

"소망의 하나님이 모든 기쁨과 평강을 믿음 안에서 너희에게 충만하게 하사 성령의 능력으로 소망이 넘치게 하시기를 원하노라."(롬15:13) 본문은 "칼을 쳐서 보습을 만들고 그들의 창을 쳐서 낫을 만들 것이며."(4절) 이는 오순절 성령 강림사건으로 이루어질 세계를 뜻합니다. 이제 우리가 힘써야 할일은 곧 예수 그리스도를 머리로 하고 하나님의 통치의 역사를 가장 이상적으로 행했던 초대교회처럼 되는 것입니다.

우리가 평안을 만들어 가는 것은 여호와의 교훈을 지킬 때에 가능한 일이고, 주안에 거하므로 가능한 일이며 선행을 행하고 하나님의 공의가 실현되기 위해 열심히 주를 섬길 때에 가능한 일이며, 우리에게 약속하신 임마누엘의 축복의 비밀을 알고 지키며 행할 때만이 가능한 일입니다. 말씀의 역사와 성령의 기름 부으심을 받는 축복이 있기를 예수 그리스도의 이름으로 축원합니다.

❖ 기 도 ❖

이스라엘을 애굽의 노예 신분에서 풀어주시고 해방시킨 거룩하신 하나님! 이 지구촌에 평화가 계속되게 하시옵고 전쟁이 종식되는 세계가 되게 하시오며 영원한 구원의 기쁨이 충만하게 하여 주옵소서. 구원을 완성하신 예수님의 이름으로 기도 드립니다. 아멘.

네 가지의 기도 원칙

본문 • 야고보서 1:5~6
찬송 • 64장, 351장

우리 신앙인들은 누구의 신앙을 본받느냐에 따라 그 신앙이 잘 성장할 수도 있고 그러지 못할 경우도 있습니다.

1564년에 5월 27일에 제네바에서 54세의 일기로 하나님나라에 가신 칼빈의 기도생활은 매우 강직했음을 봅니다. 우리도 이런 원칙으로 기도를 합시다.

1. 경외심을 가진 기도

경외란 하나님을 두려워하는 마음을 말합니다. 어떤 노예적인 공포가 아니라 하나님을 경외하는 데서 오는 두려움입니다. 노예들에게 오는 공포는 존경심이 없는 공포입니다. 이러한 경외심은 첫째, 기도에 집중해야 하는 것이요 둘째, 간구함에 절제입니다. 여기서 간구에 절제는 "탐욕이 아닌 진정한 기도 즉, 그 나라와 그 의를 위한 기도를 말합니다."

2. 회개의 기도

자신의 죄를 용서해달라고 기도 하면서 자신이 죄인이 아니라고 생각하는 것은 너무나 가증스러워서 하나님의 저주를 받아 마땅한 일입니다. 이런 사람의 기도는 기계적으로 습관적으로 하는 중언부언의 기도 입니다.

우리가 용서해 달라고 기도하지 않아도 될 만큼 죄를 짓지 않는 날이 없습니다. 기도가 메마르기에 거짓과 위선이 난무합니다. 나의 약함과 위선을 철저하게 회개합시다.

3. 용서를 구하는 기도

기도할 때의 자세는 먼저 자신이 무릎을 꿇고 겸손하게 기도해야 합니다. 자기 자신은 일체 생각치 않고 허영과 교만에 빠지지 않기 위해서 기도해야 합니다. 겸손은 자신이 죄인이며 아무 가치도 없는 존재로 알고 죄를 회개하는 일입니다.

4. 확실한 소망을 가진 기도

자신의 기도가 반드시 응답이 온다는 것을 확신하는 기도라야 합니다. 어떻게 해야 올바른 기도가 됩니까? 무엇보다 성령님이 이끄시는 기도를 해야 합니다.

야고보서가 우리에게 교훈 하듯이 오직 믿음으로 구하고 조금도 의심하지 말고 후히 주시고 꾸짖지 않는 성령님을 의지하고 승리하시기를 축복합니다.

❖ 기 도 ❖

시대마다 필요한 사람을 도구로 쓰셔서 역사를 운행하신 하나님 우리도 그 도구로 써주옵소서. 성실하게 말씀에 순종하게 하여 주옵소서. 주님의 이름으로 기도드립니다. 아멘.

가장 향기로운 제물 I

본문 • 시편 51:15~19
찬송 • 589장, 592장

일 년 동안에 교회 절기에는 감사절이 2회에 걸쳐 있습니다. 그 절기는 첫째 밀 수확을 하여 거두어들이는 맥추감사절이고 또 다른 하나는 가을철에 벼농사를 중심해서 저장을 하는 의미를 담고 지키는 수장절 즉 추수감사절을 말합니다. 이러한 감사 절기를 어떻게 지키는 것이 하나님 앞에서 합당한 절기로 지키는 것이 됩니까?

1980년 8월호 리더스 다이제스트(Readers Digest)에 기재된 메디 로빈슨의 이야기입니다. 이 내용은 보는 이로 하여금 감동을 자아내게 했습니다. 로빈슨은 트럭 운전기사 였습니다. 그가 어느 날 사고를 당해 눈은 실명하고 귀까지 먹는 불구가 되었습니다. 그러나 그때 그 사고를 당하고 단순히 살아있다는 것으로만 감사하게 생각하고 그 이후에 그는 불행한 불구자 임에도 불구하고 감사하는 일에 자기의 생활기반으로 삼고 모든 불행을 참고 견디며 기도하고 스스로 위로 받으면서 감사의 생활을 하며 살아갔던 것입니다. 그 감사의 생활, 3개월 이후에 회복을 받게 된 것입니다.

그때 그가 한 말이 "나는 지난 석 달 동안에 내가 일생동안 본 것보다 더 많은 것을 보았다. 매일 새롭게 고마움을 느낀다."라고 했으며, 나뭇잎 사이로 비쳐오는 달빛이라든가 만사가 새롭다고 증언했습니다.

감사절에 무엇으로 감사해야 하겠습니까. 가장 향기로운 제물이 무엇입니까? 제물이라고 하는 것은 구약시대에 하나님께 화목제나 번제를 드릴 때에 올려놓은 고기를 말합니다. 그러나 일반적인 음식이 아니라 하나님께 합당한 짐승을 잡아 각을 떠서 드리는 제물을 말하는데 그 제물 중에 향기로운 제물이 무엇이겠습니까.

노아 홍수 때에 비가 멈추고 밝은 하늘을 열어 주심에 감사해서 하나님께 번제의 감사제를 드렸었는데 그 향기로운 제물을 받으신 하나님께서 기뻐하시면서 홍수로 다시는 생물을 멸하지 아니하시겠다고 하셨습니다. 옛날에 유대 민족은 이러한 감사의 절기를 지킬 때마다 받은 바 은혜가 너무나 커서 무엇으로 그 은혜를 보답 할꼬 하는 고백을 했던 것입니다.

오늘 맥추감사주일을 지키는 우리들도 온전하게 감사를 할 수 있는 믿음의 사람들이 됩시다. 우리는 통회하고 자복하며 죄인인 것을 고백해야 합니다. 억만 가지의 죄로 인하여 상하고 찢겨진 심령으로 우리 자신이 제물이 되어 하나님 앞에 나갑시다.

❖ 기 도 ❖

하나님! 우리는 하나님께서 주신 자연 속에서 공기만 못 마셔도 살지 못하는데 따뜻한 햇볕과 철따라 비를 주셔서 오곡으로 열매 맺게 하시고 배불리 먹게 하시니 감사 합니다. 이 세상아 하나님 감사로 물들게 하여 주옵소서. 예수님의 이름으로 기도합니다. 아멘.

가장 향기로운 제물 Ⅱ

본문 • 시편 51:15~19
찬송 • 588장, 589장

1. 상한 심령으로 드리는 제사

하나님은 인간의 마음을 지으신 창조주이십니다. 그리고 그 마음은 하나님의 영이 임재 하실 수 있는 본부가 되는 것입니다. 그러므로 가장 귀한 것은 인간의 마음인 것입니다. 뿐만 아니라 그 마음은 인간들의 삶과 생활을 지배하는 기관이기도 합니다. 마음이 움직이는 곳에 육체도 움직입니다. 마음이 가는 곳에는 몸이 가고 마음이 멈추는 곳에 우리 육체의 모든 기관이 멈추는 것입니다. "모든 지킬 만한 것 중에 더욱 네 마음을 지키라 생명의 근원이 이에서 남이니라."(잠4:23)고 했던 것입니다. 하나님께서 하신 말씀은 "너는 마음을 다하고 뜻을 다하고 힘을 다하여…사랑하라."(신6:5) 우리는 가장 향기로운 제사를 드려야 합니다. 이는 마음과 뜻과 힘과 성품을 다하는 믿음이 있어야 하는 것입니다.

2. 어떤 마음이 상한 마음 상한 심령입니까

하나님은 교만한 마음을 원하지 않습니다. 그러면 상한 마음이란 어떤 마음입니까?

1) 죄를 아는 마음입니다.

다윗은 온전히 죄를 아는 사람입니다. 5절에서 "내가 죄악 중에 출생하였음이여 어머니가 죄 중에서 나를 잉태하였나이다."라고 고백했습니다. 다윗의 심령 속에 성군이라는 별명이 들어 있지만 그러나 진정 고 자신은 왕으로서 지을 수 없는 죄를 저지르고 말았던 것입니다. 그 근본이 곧 그의 어머니의 모태에서 죄 중에 출생했다는 사실을 우리는 봅니다. "주께서는 제사를 기뻐하지 아니하시나니 그렇지 아니하면 내가 드렸을…."(16절)

2) 나의 온 정성을 다 드리고도 부족한 마음

자신이 잘났다고 뽐내지 않고 사랑을 베풀고도 풍성케 하시는 하나님은 많은 지식을 가지고도 교만하기 보다는 적은 지식을 가지고도 겸손한 자를 기뻐하시는 것입니다.

맥추감사주일에는 우리 기관과 모임이 모두 힘을 합하여 감사에 힘껏 동참합시다. 그러기 위해서는 영원히 그 이름이 영광받을 만한 마음으로 감사할 수 있어야 합니다. 마음과 정성을 다합시다. 기쁨과 즐거움을 함께 드립시다.

모세는 이스라엘 백성들에게 첫 단 곡식을 여호와께 드리되 "여호와께 드려 화제로 삼아…지킬 영원한 규례니라."(레23:13~14)

우리도 향기로운 제물을 드립시다. 이것이 주님께서 가장 기뻐하시는 예배입니다. 이번 맥추감사주일을 맞이하여 하나님의 사랑과 하나님의 은총과 축복하심이 넘치기를 예수님의 이름으로 축복합니다.

❖ 기 도 ❖

이른 비와 늦은 비로 오곡의 열매를 풍성하게 맺게 하신 하나님 그 이름이 높여지기를 원합니다. 민족의 허물을 용서하여 주옵소서. 예수님의 이름으로 기도합니다. 아멘.

"하나님 이외에는 그 누구도 그 무엇도
두려워할 필요가 없다." 〈간디〉

8월~9월
해방과 복음의 달

해방 기념주일

교육 주간

중추절

해방의 참 기쁜 뜻 I

본문 • 시편 18:1~2
찬송 • 330장, 586장

해방(解放)의 뜻은 몸과 마음이 속박에서 풀어지고 자유롭게 되는 것입니다. 압박당하거나 감금당한 상태에서 풀러나는 것을 말합니다. 이는 문자적으로 말할 때에 해방이라고 하지만 진정한 해방은 무엇을 말합니까? 이스라엘 백성들이 430년 동안 애굽에서 노예처럼 종살이를 당하면서 살아왔지만 하나님께서 그 백성을 사랑하사 해방을 시켜 주었습니다. 해방의 참뜻은 죄의 속박 사탄의 억압에서 벗어나는 것을 말하며, 사탄의 굴레에서 벗어나는 것을 말합니다.

1. 모든 죄악의 속박에서 해방

"그가 이스라엘을 그의 모든 죄악에서 속량하시리로다."(시 130:8) 해방의 더 큰 뜻은 모든 얽매임과 속박에서 벗어나는 것을 말합니다. 구속행위의 근본 목적은 포장된(감금) 상태나 권리를 상실한 사람을 구해내는 것이기에 인간들 속에서의 하나님의 구원의 행위를 나타내는 적절한 표현이 되는 것입니다.

1) 구약에서의 구속의 개념

① 이스라엘의 구속

"주께서 구속하신 백성을 인도하시되 주의 힘으로 그들을 주의 거룩한 처소에 들어가게 하시나이다."(출15:13), "그들을 그 미워하는 자의 손에서 구원하시며 그 원수의 손에서 구원하셨고."(시

106:10)

한국의 해방도 하나님께서 부르짖어 기도했던 우리 민족들의 간구를 하나님께서 들어주시므로 이루어진 구원이요 해방입니다.

② 개인적인 구속

오래 전 아브라함의 계보에 요셉이라는 사람은 그가 억압과 압박을 받았던 형들의 손에서 벗어나서 애굽의 총리가 되기까지 그를 붙잡아 주신 분이 바로 하나님 여호와이심을 볼 수 있습니다. 또 요셉을 구덩이에서 구원하신 분도 하나님이십니다.

2) 신약에서의 구속의 개념

구약과 신약에서의 차이가 있다면 구속의 역사와 사건이 빈번이 사용되었지만 신약에서 들어봅시다. "인자가 온 것은…함이라."(마 20:28;막10:45) 속건 제물이 되신 예수님께서는 십자가로 구속을 완성하셨습니다. 구약의 제도를 신약에서 완성하신 것입니다.

여호와는 우리의 힘이십니다. 우리를 일제강점기의 억압 속에서 해방시키신 분은 바로 하나님이십니다. 그 분에게 감사를 올리며 찬양하고 경배를 드려야 하겠습니다.

❖ 기 도 ❖

죄의 멍에와 고통속에서 구원하신 전능한 하나님의 그 크신 은혜를 감사드립니다. 영원토록 의로운 백성으로 살게하여 주옵소서. 예수님의 이름으로 기도 드립니다. 아멘.

해방의 참 기쁜 뜻 II

본문 • 시편 18:1~2
찬송 • 330장, 586장

1. 인간의 영혼을 구원하시는 하나님

하나님의 위대한 역사는 우리를 죄의 사슬에서 구원하여 주시고 사탄의 얽매임에서 풀어 자유하게 하셨으며, 이 모든 속박에서 해방시켜 주신 것입니다. 이 일을 이루어 주시고자 무거운 십자가의 갈보리 사건은 처형당할 때 그 아픔과 고통 속에서 흘러내리는 눈물처럼 양 손과 양 발, 옆구리 창 자국에서 흘러내리는 물과 피가 고통속에서 흘러내리는 눈물처럼 온 하늘이 어두워지고 태양이 빛을 잃고 뇌성벽력을 치며 쏟아지는 빗줄기는 예수님의 물과 피가 한꺼번에 어울러져서 그 물과 피가 흘러내리는 계곡 마다 새 생명이 탄생되는 놀라운 역사가 일어난 것입니다. 그러나 우리민족은 옛날부터 무속신앙에 사로잡혀 마귀들의 종노릇 하며 살아온 민족입니다. 우리가 하나님의 은혜로 일본 사람들의 피 압박 속에서 해방을 받은 것은 정치적인 해방이지만 아직까지도 영적인 해방을 받지 못한 상태입니다. 사탄의 굴레에서 벗어나는 날이 민족의 영적 해방입니다.

2. 우리는 무엇과 싸워야 합니까

우리들은 우리를 대적하는 원수 마귀들과 싸워야 합니다.

첫째, 마귀들은 하나님의 일을 해방시키며 파멸을 꿈꾸는 자들입니다.

둘째, 마귀들은 우리가 하나님의 유업을 받지 못하게 방해하는 자들입니다.

셋째, 마귀들은 인류를 파멸시키는 일을 계획하고 꿈꾸는 자들입니다.

"우리의 씨름은 혈과 육을…주관자들과 하늘에 있는 악의 영들을 상대함이라."(엡6:12)고 말함을 기억합시다.

우리가 힘써 싸워야 하는 영적 상대는 공중에 권세를 잡고 있는 악한 영들 즉 마귀들인 것입니다. "그때에 너희는 그 가운데서 행하여 이 세상 풍조를 따르고…."(엡2:2)라고 말하고 있습니다.

그러나 우리는 두려워 할 것이 없음은 이미 갈보리 십자가 위에서 마귀권세를 멸하고 승리하셨기 때문입니다. "내가 너희에게 뱀과 전갈을 밟으며 원수의 모든 능력을…."(눅10:19) "곧 그들이 내 이름으로 귀신을 쫓아내며 새 방언을 말하며 뱀을…."(막16:17~18)

우리의 힘이 되신 하나님께서 승리주심에 기뻐하며 우리를 영과 육에서 승리하게 하신 하나님께 감사합시다. 우리에게 재림주로 약속하시고 세상 끝날까지 함께 하시겠다고 약속하신 주님을 믿으며 승리의 삶을 사시길 예수님의 이름으로 축복합니다.

❖ 기 도 ❖

하나님! 공중권세를 잡은 원수마귀들의 종노릇 하던 우리를 건져주신 그 큰 은혜를 감사하며 다시는 죄의 종노릇 않도록 붙잡아 주시옵소서. 예수님 이름으로 기도합니다. 아멘.

중보기도의 근거

본문 • 출애굽기 17:8~16
찬송 • 292장, 347장

1. 중보자의 개념

하나님께서는 중보자를 통해서 일하십니다. 하나님께서는 그 자신을 우리에게 계시하며 그 자신을 언제나 행동하시는 분이시며 하나님께서도 중보자를 통해서 일하십니다. 문자적으로 중보자라는 말 외에 구원자라는 말이 그리스도에게 적용되는 것은 종교사에 있어서 깊은 근거를 가지고 있습니다. 역사적 유형의 종교이든 비역사적 유형의 종교이든 신과 인간 사이에 간격을 연결하기 위한 중보자적 신개념을 뜻하는 말입니다.

2. 중보자라 불리는 예수

예수 그리스도는 사람과 하나님 사이에 중개자 또는 중보자 이십니다. 하나님과 사람들의 인격적 교제를 회복케 하심이 그분의 사명이었습니다. 근거를 살펴보면 목회서신에서 "하나님은 한 분이시요 또 하나님과 사람 사이에 중보자도 한 분이시니 곧 사람이신 그리스도 예수라."(딤전2:5)고 말씀합니다. 히브리서에서는 세 번씩이나 중보자라고 하셨습니다. "그는 더 좋은 약속으로 세우신 더 좋은 언약의 중보자시라."(히8:6;9:15;12:24) 이같은 근거의 사상은 헬라 문화에서는 확연히 나타나는바 헬라의 문화는 죄인들이 법정에 가지 않고 해결짓는데, 이는 모든 논쟁을 중보자에게 맡겨서 해결하는 방식으로 헬라문화에 근거하고 있습니다.

3. 오해하고 있는 부분

1) 구약에서의 근거

첫째, 출애굽 사건에서 이스라엘 백성들의 길을 막고 있는 아말렉과 전쟁 당시에 모세의 기도를 돕는 아론과 훌의 사역을 통해서 이스라엘이 승리한 사건을 통해서의 결과는 분명 기도를 통해 승리한 것입니다.

둘째, 출애굽기 32장과 33장에서의 사건입니다.

모세가 호렙산에 올라가서 40일 동안 나타나지 않자 아론을 중심으로 금송아지를 만들었는데, 모세는 자기 백성들의 죄를 용서해 주고 구원을 요청하며 또다시 기도했습니다.

2) 신약에서의 근거

중보자라는 말과 동일시하는 말은 중재자라는 말입니다. 이 말의 뜻도 역시 양편을 화해시키는 일을 하는 사람을 말합니다. 분명하게 바울은 여기에서 중보자는 사람이신 그리스도 한 분이시라고 말하고 있습니다.(딤전2:5)

중보자라고 하는 이 말은 신학적으로는 분명 잘못된 개념이지만 남을 위해서 기도해주는 것은 사역자나 할 수 있지 않겠나 생각합니다. 다만 우리가 죄가 없으신 그리스도만이 중보자의 자격이 됨을 인식하고 조심스럽게 말할 수가 있습니다.

❖ 기 도 ❖

자기만을 위한 기도가 아니라, 다른 영혼을 위해 기도하는 열린 마음을 주옵소서. 예수님의 이름으로 기도합니다. 아멘.

중재 기도자의 역할

본문 • 출애굽기 32: 11~14
찬송 • 360장, 364장

신명기에 보면 시내산에 올라가 십계명을 받기까지 모세는 물도 마시지 않고 떡도 먹지 않고 40주야를 온전한 금식을 하며 기도로 임하고 있습니다.(신9:9;10:10)

1. 모세의 중보기도

모세가 하나님 앞에 나가 10계명을 받고 있을 때 이스라엘은 죄를 짓고 있었습니다.

우상숭배는 하나님 외에 다른 신을 섬기는 것이므로 간음행위였습니다. 모세는 이러한 우상숭배의 죄를 대신해서 하나님 앞에 나가 죄 용서를 구하였습니다.

첫째는, 하나님 여호와께 회개하며 죄를 용서해 줄 것을 간구했습니다.(출32:11)

둘째는, 모세의 중보기도에 뜻을 돌이키신 하나님이십니다.

2. 중보의 기도 제목

그 나라와 그 의를 위해서 기도합시다. 이 말은 하나님나라를 구한다고 하는 말이요 구원의 역사를 말합니다.

첫째, 땅 끝 복음 전파가 큰 열매를 맺기 위해 기도합시다.

둘째, 한국 교회들이 빛과 소금의 역할을 감당할 수 있기를 위해서 기도합시다.

셋째, 우리 목사님 사역을 위해서 기도합시다.(영육강건, 사명 감당, 성령충만을 위해, 민족 복음화에 쓰임 받도록, 땅끝 복음의 증인이 되기 위해)

넷째, 교회를 위해서 기도합시다.(영혼구원을 감당하는 교회되기 위해, 빛과 소금되기 위해, 세계선교의 주역이 되기 위해, 성도들의 영적 성장을 위해)

다섯째, 우리 그룹의 배가의 운동을 위해서 기도합시다.(영적 육적 부흥성장을 위해, 가정에 화목과 건강을 위해, 개인의 사업과 기업에 무궁한 발전을 위해)

우리들의 기도의 향기가 하나님나라에까지 상달 되고 천군 천사들의 기도의 향기가 하나님 보좌에 움직이는 기도가 되도록 기도합시다. 하나님의 역사를 이룹시다. 이와 같이 중재자의 기도와 간구를 통해서 구원의 역사가 임합니다.

❖ 기 도 ❖

하나님! 이 땅 위에 악의 세력이 소멸되고 죄악의 도성이 멸망당하며 구원의 역사가 땅 끝까지 전파되게 하옵소서. 우리를 구원하여주신 예수님의 이름으로 기도 드립니다. 아멘.

그리스도와 하나 된 성도

본문 • 고린도전서 12:12~13
찬송 • 292장, 302장

한 두 덩이의 숯불이 난로 바닥에 있다고 하면 추운 사람의 몸을 녹일 수가 없으며 또 따뜻하다는 말을 들을 수가 없을 것입니다. 그러나 불 위에 숯을 한 바구니씩 쏟아 부으면 몸은 완전히 녹을 것이며 따뜻함이 더할 것입니다.

1. 성령의 세례

우리가 그리스도와 하나가 되는 것은 우리 힘으로는 도저히 불가능 하지만 하나님께서 우리에게 성령을 보내 주심으로 가능하게 된 것 입니다. 성령의 놀라운 역사는 본문에서 "몸은 하나인데…한 몸임과 같이 그리스도도 그러하니라…한 성령으로 세례를 받아 한 몸이 되었고 또 다 한 성령을 마시게 하셨느니라."(12~13절)

우리가 그리스도와 하나가 되는 것은 신분하고는 전혀 관계가 없습니다. 우리가 그리스도와 하나가 되는 것은 성령님이 하나이기 때문입니다. 그러므로 우리는 끊임없이 기도하여 성령충만을 힘입고 의로운 삶을 살기위해 성령의 세례를 받읍시다.

2. 한 성령을 마시게 하심

이 성령의 역사는 결국 교회들을 통해서 주심을 봅니다. 교회는 그 그룹들이 아름답게 형성이 되어서 각 사람에게 필요한 달란트를 주시고 은사를 주시므로 한 지체를 이루게 하십니다. 이를 주님께서는 사람의 육체에 비유해서 설명을 하였습니다. 우리 지체가 튼튼하여서 왕성한 몸이 될 때에 세상에 소금 되고 빛 되어 밝게 할 것입니다.

3. 교회 안에서는 차별이 없어야

성령으로 하나 된 교회는 세상의 욕심과 불의를 멀리하고 사랑으로 하나가 되어야 합니다. 또 말씀하시기를 "유대인이나 헬라인이나 종이나 자유인이나 다 한 성령으로."(13절) 이 말씀은 직분, 직업, 신분 등이 달라도 차별을 두지 말라는 말씀입니다.

바울 사도의 말씀대로 "같은 마음과 같은 뜻으로 온전히 합하라."(고전1:10) 이렇게 충성하는 자들은 승리의 관을 얻습니다.(딤후2:5)

❖ 기 도 ❖

하나님! 우리 심령 속에 자리 잡고 있는 염려, 증오, 두려움, 절망, 불신 등을 예수님의 이름으로 물리쳐 주옵소서. 예수님의 이름으로 기도 합니다. 아멘.

주님을 위한 각오

본문 • 로마서 14:1~9
찬송 • 452장, 461장

사람은 평소에 어떤 마음 어떤 생각을 가지고 사느냐에 따라 목표가 달라집니다.

우리 주변에는 여러 종류의 물건들이 있습니다. 모든 것이 다 필요에 따라 만들어진 것들입니다. 옷장은 옷을 걸어놓거나 보관하기 위해서 있는 것이요 이불장도 이불을 넣어 두기 위해서 필수적인 것입니다. 그 외에 모든 도구들도 다 제각각 필요에 따라 제작된 것입니다. 하물며 만물의 영장이라고 하는 사람이랴?

1. 자신을 위해 살지 말아야

7절에 "우리 중에 누구든지 자기를 위하여 사는 자가 없고 자기를 위하여 죽는 자도 없도다."라고 하였습니다. 자기를 위해 사는 자는 심히 불행한 자입니다. 만물보다 거짓되고 심히 부패한 것은 사람의 마음이라고 하였습니다. 사람이란 항상 자신을 나타내고 자랑하고 잘못된 것을 회개는커녕 모든 것을 처리해도 자기중심적입니다. 자신을 위해 사는 자는 결국에 망하고 맙니다.

2. 주를 위해 죽을 각오로 살아야

"우리가 살아도 주를 위하여 살고 죽어도 주를 위하여 죽나니 그러므로 사나 죽으나 우리가 주의 것이로다."(8절) 우리는 주님의 것입니다. 주님께서 피로 값을 치루시고 사셨습니다. 그러므로 우리는 주님의 것이요 우리가 주를 위한 헌신은 최후에 승리가 우리의 것이기 때문입니다.

3. 인생살이를 잘 마쳐야

"이를 위하여 그리스도께서 죽었다가 다시 살아나셨으니 곧 죽은 자와 신자의 주가 되려 하심이라."(9절)

주님을 위해 산다고 합니다. 어느 여인은 사형장에서 지금이라도 예수를 믿지 않겠다고 만하면 살려 주겠다고 할 때 "내가 지금 죽으면 천국에 가니 더욱 기쁘고 감사할 일이라."고 하니 어찌지를 못하고 살려주었다고 하는 말이 있습니다.

주님을 위해 살기로 결심한 자는 내가 사는 길이요, 우리 모임이 잘되는 길입니다. 이는 교회가 잘되고 우리 모두가 잘되며 나가서는 하나님나라가 확장되는 일입니다.

주님의 충만하신 은혜가 여러분들의 가정과 사업에 충만하시기를 축복합니다.

❖ 기 도 ❖

사람은 각오와 결심에 따라 성공한다 하는데, 하나님 우리 마음을 열어 주시므로 신령한 영적세계를 보여 주시옵소서. 귀하신 예수님의 이름으로 기도합니다. 아멘.

열심을 품고 주를 섬기자

본문 • 로마서 12:11
찬송 • 495장, 496장

사람들은 각자가 나름대로 자신의 길을 준비합니다. 그러나 사람은 온전하지 못하고 분별력이 부족해서 잘 식별을 하지 못할 때가 많습니다. 그러나 본문은 우선 열심히 일하라고 합니다.

1. 부지런하여 주를 섬겨라

주님을 위한 선한 사업은 모두가 다 성도들의 열심과 사랑의 봉사를 요구합니다. 예수님께서 말씀하시기를 "아버지께서 일하시니 나도 일하신다."고 하셨습니다. 그리고 예수님께서는 낮이면 산으로 들로 바다로 다니시면서 복음을 전파하셨습니다. 그리고 밤이면 생활처럼 감람산으로 오르셔서 기도하셨습니다.(눅22:39~46) 우리에게 하나님께서 선한 기업을 주셨습니다. 이 기업을 위해서 열심을 내야 합니다. 우리에게 주어진 일터나 직장에서 열심히 활동하는 것이 사회를 밝게 하는 것입니다. 사회가 밝아야 이 세상이 밝아집니다.

2. 게으름을 피우지 말라

타락한 발람 선지자가 하나님의 뜻을 거역하고 불순종하여 나갈 때에 하나님께서는 나귀의 입을 사용하셔서 책망 하셨습니다.(벧후 2:15~16) 하나님께서는 게으른 사람을 매우 싫어하십니다. 잠언서 기자는 무엇이라 합니까? "게으른 자여 개미에게 가서 그 하는 일을 보고 지혜를 얻으라."(잠6:6), "게으른 자는 그 부리는 사람에게 마치 이에 식초 같고 눈에 연기 같으니라."(잠10:26) 이가 시린 사람에게 식초는 얼마나 괴롭습니까? 마귀는 게으른 사람을 찾아갑니다. 마귀를 이기기 위해서도 부지런한 생활을 하는 성도들이 되어야겠습니다.

3. 열심을 품고 주님을 섬기라

예수님께서는 사도 요한을 통해서 하신 말씀은 "그러므로 너희가 열심을 내라 회개하라."(계3:19) 문밖에 서서 두드리노니 그때에 그의 음성을 듣는 자가 복이 있습니다.

세 가지만 부탁드립니다. 첫째, 죄를 회개하는 일에 게을리 하지 맙시다. 둘째, 선을 행하는 일에 열심을 냅시다. 셋째, 주의 전을 사모하는 일에 열심을 냅시다.

이런 사람에게 "이제…의의 면류관이 예비되었으므로."(딤후4:8) 면류관을 향해 달려가시기를 축복합니다.

❖ 기 도 ❖

하나님의 면류관을 향해 힘 있게 달려갈 수 있도록 믿음과 용기와 힘을 더하여 주시고 복음을 전파하는 파수꾼으로 인도하여 주시옵소서. 예수님의 이름으로 기도합니다. 아멘.

사랑하는 나의 가정

본문 • 시편 128:1~4; 골로새서 3:18~21
찬송 • 516장, 559장

하나님께서 우리 사람에게 주신 가장 큰 복은 무엇이라고 생각하십니까? 많은 것이 있겠으나 가장 큰 복은 역시 가정일 것입니다. 어느 통계 자료에 의하면 55세의 인생이 자신에게 가장 영향력을 주는 곳은 어디냐는 질문에 가정을 꼽았다고 합니다. 그리고 그 뒤는 '자부심'이요 그 다음은 돈이었는데 겨우 8%밖에 되지 않았다고 합니다.

그런데 우리가 행복하게 살아가야 하는 가정에서 나타나는 문제점이나 걸림돌은 무엇입니까?

1. 걸림돌은

몇 가지를 살펴보면 ①사랑과 신뢰의 부족, ②신앙의 불일치의 문제, ③가치관의 차이점, ④생활 습관이 차이, ⑤경제적인 어려움, ⑥바쁜 일로 인한 시간 부족 등입니다. 여러분들은 여기서 몇 번에 해당이 되십니까? 그 이유는 무엇입니까?

오늘 본문의 말씀은 축복된 가정의 모습을 드라마틱하게 보여주고 있습니다. 저들의 가정은 수고가 헛되지 않으니 행복하며, 수고한대로 먹을 수 있으니 행복한 가정입니다. 그런데 가장 큰 걸림돌이 되는 것은 사상이 맞지 않거나 신앙이 없음으로 인해 겪는 이질감과 불화입니다. 믿음의 가정도 서로를 위해서 기도하는 것이 매우 소중합니다.

2. 행복한 가정이 되기 위해

1) 먼저 여호와 하나님을 경외하는 가정이 되어야 합니다.

신앙인들의 교리적인 것은 하나님중심, 교회중심, 말씀중심이라고 합니다. 이러한 교리중심이 되면 서로에게 미움이 싹트지를 못합니다.

2) 교회를 중심으로 하면 분주하게 활동하는 일에 서로 싸울 시간이 없습니다.

그러므로 열심을 다하여서 하나님을 경외하고 교회를 잘 섬기시기를 바랍니다.

3) 기도가 막히지 않게 해야 합니다.

"남편들아 이와 같이 지식을 따라 너희 아내와 동거하고 그를 더 연약한 그릇이요 또 생명의 은혜를 함께 이어받을 자로 알아 귀히 여기라 이는 너희 기도가 막히지 않게 하려 함이라."(벧전3:7)

우리 회원들의 가정들도 서로를 위해서 기도해야 합니다. 서로가 서로에게 기대하는 소망을 위해서 기도해야 합니다. 이러할 때 응답해 주십니다.

❖ 기 도 ❖

우리의 가정을 허락하여주신 하나님! 주님의 사랑이 가정들마다 넘치게 하시옵고 교회가 부흥되게하여 주옵소서. 주 예수 그리스도의 이름으로 기도 드립니다. 아멘.

모두 힘을 내어

본문 • 느헤미야 2:18
찬송 • 357장, 359장

'십 일 가는 꽃이 없고, 십 년 가는 새가 없다'는 말이 있거니와 어떤 권력이든지 늘 가지고 있을 수는 없습니다. 금권이나 교권이나 정권은 모두 불안한 청지기의 권세입니다. 영원하지 못하다는 말입니다. 그러나 권력은 있을 때 남을 돕고 선행을 하면 자신의 후손들을 위하여 복을 심어주는 격이 됩니다.

프랑스가 한참 융성할 때 미국의 독립 전쟁을 후원하여 주었더니 미국은 그 은혜를 갚느라고 세계 제1차, 제2차 대전 때 프랑스를 도와주었고 전후에 걸쳐 많은 원조를 지원받게 된 것입니다. 우리들은 어떻게 사회생활을 해야 합니까?

1. 개인을 소중하게 여길 때

1) 사람이 살아가는 사회에서는 고립되기 쉬운 사람이 있기 마련입니다.

혼자 염려하고 해야 할 일은 밀려있고 의기소침하기가 쉽지만 그러나 이런 형편을 잘 보살펴주고 관심을 갖는 것이 얼마나 귀한 일인지 모릅니다. 느헤미야 총독이나 바울 사도는 힘을 불어 넣어주고 용기를 주어 복음 전선에 박차를 가했습니다.

2) 서로 격려하고 힘을 실어주어야 합니다.

"철이 철을 날카롭게 하는 것과 같이 사람이 그의 친구의 얼굴을 빛나게 하느니라."(잠27:17) 상호간에 의논하는 일은 낙심한 마음에 힘을 더해 줍니다. 예수님께서도 이러한 일을 아시고 두 사람씩 제자들을 짝을 지어 전도에 파송을 보냈습니다.

2. 힘을 하나로 할 때에
1) 연합된 힘
"한 사람이면 패하겠거니와 두 사람이면 맞설 수 있나니 삼겹줄은 쉽게 끊어지지 아니 하느니라"(전4:12)
2) 단결의 힘
여러 사람의 힘을 합할 때 그 힘은 놀랍게 발휘하게 됩니다.

3. 연합된 힘으로 성곽 공사를 마침
느헤미야는 한 사람의 힘이 아니라 연합된 힘으로 모든 공사를 마쳤습니다.(6:16)

우리 그룹도 연합하여 승리합시다. 힘을 다하면 부흥하고 승리할 것입니다.

❖ 기 도 ❖

하나님! 느헤미야 총독을 통해서 단결이 무엇인가를 배우게 하시니 감사합니다. 우리도 연합하여 예배당도 건축하고 아름다운 전을 봉헌하게 하옵소서. 예수님의 이름으로 기도드립니다. 아멘.

"하나님의 나라에서 제일 작은 자 되는 것이
세상에서 제일 높은 자 되는 것보다 낫다." 〈웨슬리〉

$10_월 \sim 11_월$
전도과 감사의 달

종교개혁주일

추수감사주일

영혼 구원으로 얻은 기쁨

본문 • 베드로전서 1:6~9
찬송 • 185장, 521장

마음이 즐거우면 종일 걸어도 고단치 않으나, 그 마음이 괴로우면 십리도 못 가서 괴로워집니다. 인생의 행로도 이와 같으니 사람은 항상 즐거운 마음으로 인생행로를 걸어야 합니다. 인생은 하나님을 안 뒤로 하나님 한 분이면 세상을 다 얻은 감격이 있기에 기뻐하고 즐거워하며 살아야 하는 것입니다.

1. 구원에 대한 기쁨

"구원을 얻기 위하여 믿음으로 말미암아 하나님의 능력으로 보호하심을 받았으니."(5절) 이 구원을 크게 기뻐한다고 말합니다.(6절) 이 큰 비밀을 알게 하신 하나님의 은혜가 얼마나 감사합니까? "주께서 내 마음에 두신 기쁨은 그들의 곡식과 새 포도주가 풍성할 때보다 더하나이다."(시4:7) 사람이 먹을 것만 풍족해도 여한이 없다고 합니다. 그러나 하나님께서 주신 기쁨은 그 배에서 생수가 강물처럼 솟아나는 영원한 기쁨입니다.

2. 예수 그리스도의 사랑으로서의 기쁨

"말할 수 없는 영광스러운 즐거움으로 기뻐하니."(8절) 우리는 예수님의 은혜도 능력도 은사적으로 체험하지만 그분의 역사하심과 성령의 역사하심을 통해서 교통할 수 있는 은혜는 큰 은혜요 영광이 됩니다. 만일 우리가 홀로 울타리 안에 감금 된 상태로 살아간

다면 얼마나 답답하겠습니까?

그러나 하나님의 세계는 항상 열려있고, 우리의 기도와 간구가 끊임없이 교통함으로 기뻐할 수가 있습니다.

3. 금보다 더 귀한 믿음 주심에 기쁨

예수님께서는 잡히시기 전날 밤에 친히 기쁨의 근원되심을 보여주셨습니다. "내가 이것을 너희에게 이름은 내 기쁨이 너희 안에 있어 너희 기쁨을 충만하게 하려 함이라"(요15:11) 본문은 우리에게 믿음이 얼마나 중요한가를 나타내고 있습니다.

예수님을 우리의 구세주로 확실하게 믿습니까? 그렇다면 여러분들은 금보다 더 귀한 보배로운 믿음을 소유했으므로 기뻐하시기를 바랍니다.

❖ 기 도 ❖

하나님! 우리는 우리의 허물과 죄로 죽었던 자입니다. 그런데 구원의 반열에 세워주시고 성령을 통해서 하나님의 역사를 이루시니 감사합니다. 예수님의 이름으로 기도드립니다. 아멘.

풍성한 열매를 주신 하나님께 감사 I

본문 • 시편 65:8~13
찬송 • 588장, 591장

추수감사절은 우리 모두에게 기쁨이되고 감사가 넘치는 절기입니다. 영국의 청교도들이 5월의 꽃(mayflower)이란 배를 타고 사투 끝에 미 대륙에 닿게 되었습니다. 그들은 처음 뿌린 곡식을 추수하여 감사절을 지킨 것은 성경적이었으며 저들의 감사를 한층 더한 사건이 되었습니다. 농부는 씨앗을 만들 수도 없고 자라게도 못합니다. 오직 씨를 뿌리고 가꾸는 일을 할 뿐 결실하게 하는 일은 하나님께서 하십니다. 그러므로 우리는 하나님께 감사예배를 드리는 것이 마땅합니다.

1. 무엇으로 감사할 것인가

본문에서는 "땅을 돌보사 물을 대어 심히 윤택하게 하시며 하나님의 강에 물이 가득하게 하시고 이같이 땅을 예비하신 후에 그들에게 곡식을 주시나이다."(9절) 또 "주께서 밭고랑에 물을 넉넉하게 대사 그 이랑을 평평하게 하시며"(10절) 시편기자의 감사와 찬양이 얼마나 아름답습니까? 이러한 감사제는 아담의 후손 아벨로부터 시작하여 지금까지 흐르고 있습니다. 아쉽게도 우리민족 고유의 명절에 햇곡식과 과일을 잘 차려 조상에게 차례를 지냅니다. 따뜻한 햇볕 이른 비와 늦은 비를 주신 분은 아무런 힘이 없는 조상이 아니라 삼라만상을 주관하시는 하나님이십니다. 그 분에게 감사드리는 것은 당연한 이치입니다.

2. 감사는 기쁨으로

"주께서 이 나라를 창성하게 하시며 그 즐거움을 더하게 하셨으므로 추수하는 즐거움과…."(사9:3), "모든 육체에게 먹을 것을 주신 이에게 감사하라."(시136:25), "너희가 여호와께 감사 제물을 드리려거든 너희가 기쁘게 받으심이 되도록 드릴지며."(레22:29) 우리가 하나님께 나가서 귀한 절기를 지킬 때에는 기쁨과 온 정성을 바쳐 감사함으로 드립시다.

감사는 해도 되고 안 해도 되는 것이 아닙니다. 마치 별빛을 보고 감사하면 달빛을 주시고, 달빛을 보고 감사하면 햇빛을 주시는 것처럼 하나님은 우리가 감사할 때 더욱 풍성한 은혜를 주시는 분이십니다. 모두 감사로 영광을 돌리며 많은 수확을 올리는 해로 축복합니다.

❖ 기 도 ❖

산천초목을 황금빛으로 물들게 하신 하나님! 대자연을 만드시고 인생들을 풍성하게 하신 하나님의 은혜를 감사하오며 예수님의 이름으로 감사드립니다. 아멘.

풍성한 열매를 주신 하나님께 감사 Ⅱ

본문 • 시편 65: 8~13
찬송 • 588장, 591장

외아들과 농사를 짓는 가난한 농부 집에는 말 한 필이 있었습니다. 그런데 그 말이 그만 집을 나가고 말았습니다. 아버지는 한탄하며 큰일이라고 했지만 아들은 더 좋은 일이 있을 줄 누가 아느냐고 했습니다. 그 말이 하루는 종마 10필을 끌고 돌아왔습니다. 그러나 그 아들은 종마를 타다가 그만 말에서 떨어져 다리가 부러지고 말았습니다. 또 아버지는 태산같이 걱정을 했지만 그 말 때문에 다리가 부러진 아들은 그 다리로 군 입대를 피하게 되었습니다. 그는 후에 열심히 공부하여 훌륭한 벼슬을 했습니다.

감사할 때 더 많은 조건의 감사를 할 수 있도록 하나님께서 함께 하시는 것입니다.

1. 감사하는 자에게 주시는 은혜

사람이 살아가는 가운데에는 감사해서 감사의 예물을 드립니다. 그러나 원망과 불평을 할 때는 감사를 잃고 살아갑니다. 성경은 우리에게 말씀하시기를 "범사에 감사하라."(살전5:18), "우리가 너희를 위하여 항상 하나님께 감사할지니."(살후1:3)라 합니다.

다니엘은 계엄령이 선포되어 생명의 위협을 받는 중에도 그는 기뻐하며 감사했습니다. "전에 하던 대로 하루 세 번씩 무릎을 꿇고…그의 하나님께 감사하였더라."(단6:10)

2. 감사하는 사람의 특징

①맑은 마음으로 생활을 합니다. ②날마다 감사의 조건을 찾습니다. 그런 사람에게 꿈과 희망을 심어 줍니다. ③모든 일이 쉽게 진행 됩니다. ④축복을 올바로 사용합니다. 감사하는 삶이란 하나님을 기쁘게 하는 삶입니다. "하나님은 능히 돕기도 하시고 능히 패하게도 하시나이다."(대하25:8)

감사와 기쁨으로 예물을 하나님께 드립시다. 기도하면서 나갑시다. 그리하면 다음해에는 더 많은 것으로 더 좋은 것으로 하나님께서 크게 복을 더해 주실 것입니다.

"솔로몬이 이것을 구하매 그 말씀이 주의 마음에 든지라."(왕상 3:10) 하나님의 마음에 합한 감사의 예물을 드립시다. 그의 감사의 기도는 하나님께서 복을 주시므로 역대 왕들보다 더 존귀한 자로 복을 받고 기쁨과 즐거움을 누리는 왕이 되었습니다. 이 넘치는 복을 받아 누리시기를 축복합니다.

❖ 기 도 ❖

오곡으로 열매를 맺게하신 하나님! 이같이 귀한 종자와 열매로 기쁨을 안겨주신 그 큰 은혜를 감사드립니다. 이 지구촌에도 모자람이 없게 하여 주시옵소서. 주님의 사랑이 임하게 하옵소서. 예수님의 이름으로 기도드립니다. 아멘.

영적인 힘

본문 • 시편 18:1~2
찬송 • 94장, 197장

성경이 말하는 힘이란 인간들이 가지고 있는 뚝심 정도가 아니요 알렉산더 대왕이 군사를 이끌고 징벌했던 제왕의 힘도 아닙니다. 이 힘은 영원토록 쇠하지도 않고 도태 되지도 않는 하나님의 영적인 힘을 말합니다.

1. 회개의 힘

요단강에서 회개를 외치고 있는 사나이는 진정 검이나 몽둥이를 들지도 아니했지만 많은 군중들이 몰려와서 죄를 회개하며 살려달라고 아우성이었습니다.

"군중들이 그러면 우리가 무엇을 하리이까 묻자…."(눅3:10~14)

① "옷 두 벌 있는 자는 옷 없는 자에게 나눠줄 것이요 먹을 것이 있는 자도 그렇게 하라."(10)

② "세리들에게는 이르되 부과된 것 외에는 거두지 말라."(13)

③ "군인들에게는 사람에게서 강탈하지 말며 거짓으로 고발하지 말고 받는 급료를 족한 줄로 알라."(14)

2. 여호와가 우리의 힘

시편 기자는 말하기를 "나의 힘이신 여호와여 내가 주를 사랑하나이다."(시18:1) 다윗은 지금까지 이스라엘 백성들을 이끌고 온 것은 진실로 하나님이심을 고백하고 있습니다. 그는 사울왕을 피해

다니며 떠도는 가운데에서 하나님을 찾았습니다.

하나님은 다윗에게 8가지의 종류로 다가와서 힘이 되어주심을 보여 주셨습니다.

"여호와는 나의 반석…"(2절) 우리는 우주만물의 주인이 되시는 그분께서 함께 하시므로 어떤 적들이 우리를 공격한다 할지라도 겁낼 것이 없습니다. 용기를 가지고 힘을 냅시다.

3. 사랑의 힘

사랑의 힘은 한마디의 문안, 한 번의 미소, 한 번의 악수, 몇 자의 편지, 상대를 향한 말없는 시선, 한 번의 전화는 사람의 운명을 바꿀 만한 힘과 능력을 보유하고 있습니다. 그리스도의 사랑! 결국 그 사랑이 우리 인생들을 죄악 가운데에서 건져주시고 사탄의 종노릇하는 자리에서 해방시켜 주셨습니다.

영적인 힘, 세상을 뒤엎을 만한 힘, 사탄의 모든 권세를 무너뜨릴 수 있는 힘을 지니신 그분을 찬양하며 경배드립시다. 힘이 되시는 그분을 찬양하며 감사하시기를 축복합니다.

❖ 기 도 ❖

하나님! 영적인 힘은 아무에게나 주는 것은 아닌 줄 압니다. 진정으로의 병기가 되고 싶습니다. 성령의 불타는 역사로 인도하여 주옵소서. 예수님의 이름으로 기도합니다. 아멘.

"한 사람이라도 총력을 다해 찾아내야 할 만큼
사람은 하나님께 소중한 존재다." 〈빌 하이벨스〉

12월
봉사와 영광의 달

성서주일

성탄절

하나님의 감동으로 기록된 책 I

본문 • 디모데후서 3:15~17
찬송 • 202장, 270장

성서주일은 영국 성서공회의 100주년 기념식에 참석했던 미국 성서공회가 1915년 12월 5일을 세계 성서주일로 지킬 것을 제안하였던 것이 계기가 되었고, 세계 그리스도인들은 이 제의에 따라 매년 12월 첫째 주일, 혹은 둘째 주일을 성서주일로 지키게 된 것입니다. 한국에서는 하나님의 말씀이 기록된 성서를 생각하고 그 성경을 사랑하며 읽고 연구하기로 서약하고 1954년 부터 12월 둘째 주일을 성서주일로 지키기로 한 것입니다.

우리는 하나님의 말씀을 수록한 성경을 사랑하고 성경에 기록된 하나님의 말씀을 깊이 묵상하며 말씀을 통해서 삶의 지혜를 터득하고 "이 말씀은 곧 하나님이시라."(요1:1)고 하심을 기억하고 더 깊이 상고하여 깊은 영적 교통을 누려야 하겠습니다.

일본의 어떤 청년 한 사람이 일하기 싫어서 놀고 먹고만 살았습니다. 그러나 놀고 먹고만 살 수 없어 낮에는 잠자고 밤에는 도둑질을 해서 먹고 사는 도둑이 되었습니다. 하루 밤에는 높은 담을 넘어 창문을 열고 들어갔는데 그곳은 바로 여자성경학교의 기숙사였습니다. 이 도둑은 보자기에 귀중하게 보이는 물건들을 주섬주섬 넣고 돌아 왔습니다. 무엇인가 묵직해서 끄집어 내어보니 바로 포켓용 성경이었습니다. 재수 없게 예수쟁이 책이 걸렸다고 하면서 구석에 던져 버렸습니다. 얼마를 자다가 심심해서 그 성경을 열어 보았더니 "도둑질하는 자는 다시 도둑질하지 말고 돌이켜 가난한 자에게 구제할 수 있도록 자기 손으로 수고하여 선한 일을 하라."(엡 4:28)는 말씀이었습니다. 그는 이 말씀에 큰 충격을 받았는데 다음 날 또다시 성경을 열어보았더니 "도둑질하지 말고 선을 베풀지어다."라는 구절을 읽고 마음에 감동을 받고 견딜 수 없어 거리로 뛰쳐나가 정신없이 배회하다가 예배당 종소리가 들리는 예배당으로 발걸음을 옮겨 목사님의 설교를 듣게 되었습니다.

그런데 웬일입니까? 목사님도 "도둑질하지 말고 선한 일을 하라"는 주제로 설교를 하시는 것입니다. 이 젊은이는 목사님 앞에 나가 자신이 저지른 죄를 회개하고 목사님의 지도를 받고 신학교를 거쳐 북해도 지방에 선교사로 파송되었습니다.

어느 날 선교사가 전도하러 나간 사이 낯익은 성경을 보게 되었습니다. 돌아온 남편에게 물었더니 7년 전에 일을 고백한 것입니다. 남편이 말했습니다. "이 성경은 나의 스승이요, 나를 목사로 만들어 주었고, 나의 은사요, 가장 귀한 보배야."

❖ 기 도 ❖

하나님의 말씀에 능력이 있음을 고백합니다. 하나님의 놀라우신 섭리 안에 오늘날에도 말씀 가운데 행하는 저희가 되게 하여 주옵소서. 예수님의 이름으로 기도드립니다. 아멘.

하나님의 감동으로 기록된 책 II

본문 • 디모데후서 3:15~17
찬송 • 199장, 200장

성경은 변화의 능력이 있고, 부흥의 비결이 있고, 교회의 성장이 있는 것입니다. 성경은 소망의 책입니다. 위대한 성경은 어떤 책보다 뛰어난 책입니다.

마치 강물이 한 방울의 물보다 뛰어남 같이 태양이 촛불보다 뛰어남 같이 태산이 한 줌의 모래보다 뛰어남 같이 성경은 순교자들의 얼굴을 시원하게 해주는 샘물이 되고, 모든 세계의 성도들의 마음의 안식을 취하는 베개가 되고, 노예의 쇠사슬을 끊어주며, 이별의 고통을 제하여 주고, 죽음의 독침을 제하여 주며, 무덤의 슬픔을 제하여 주는 책이요 영원한 소망을 안겨주는 책이기도 합니다.

1. 하나님의 영감으로 기록된 책
1) 영감의 정의
바른 신학에서 정리한 말씀을 살펴보면 영감이란 간결하게 말해서 성경 저자들에게 성령의 감동과 감화를 주어서 정확 무오하게 기록하게 하심에 사용된 초자연적인 감화라고 말하고 있습니다. 또한 영감 된 기록은 구약 선지자들에 의해서 기록되었던지 혹은 신약 사도들에 의해서 기록되거나 저자들이 기록한 내용은 모두 영감 된 말씀인 것입니다.

2) 특별 계시의 독특한 형식의 영감
이 영감은 그 내용면에서 독특한 형식의 계시입니다.

① 내용면에서 - 역사적인 사실은 근거하여 당시의 기자들에게 기본적인 양식을 갖추어 기록하게 하신 것입니다. 또 내용을 보증함에 있어서 그 시대마다 있었던 사건을 입증하며, 저자들에게 계시와 예언을 하게 함으로, 정확무오하다는 말을 할 수 있는 것입니다.(16)

② 목적면에서 - 사도 요한의 말씀을 들어보면 "내가 하나님의 아들을 믿는…."(요일5:13) "나의 자녀들아 내가 이것을 너희에게 씀은 너희로 죄를 범하지 않게…함이라."(요일2:1)

③ 형태면에서 - 형태에서는 책의 형태에 도달하는 유일한 형태입니다.

④ 중요성에서 - 영감은 하나님께서 금일 우리에게 말씀하신 계시의 유일한 형태로 결의 되었다는 점에서 우리에게 중요합니다.

❖ 기 도 ❖

하나님의 계시의 말씀을 영감으로 기록하도록 성령님께서 역사하심을 진심으로 감사합니다. 살아 숨쉬는 생명의 말씀으로 천국의 소망으로 살게 하시옵소서. 우리가 영원무궁토록 이 말씀을 지키게 하옵소서. 예수님의 이름으로 기도합니다. 아멘.

하나님의 감동으로 기록된 책 Ⅲ

본문 • 디모데후서 3:15~17
찬송 • 441장, 446장

세계에서 가장 많이 팔리고 보급된 책이 성경이라는 사실은 모두가 다 알고 있습니다. 그러나 그보다 먼저 성경은 구원의 책이며 진리의 말씀이기에 꼭 필요한 책입니다.

1. 인간의 영혼을 깊은 세계로 이끄심

사람이 살아가고 있는 이세상이 세상의 삶으로 끝이 난다면 어떠하시겠습니까? 그것은 영혼과 육체를 구분하지 못한 사람들의 사고와 가치관으로 말하기 때문입니다. "하나님의 말씀은 살아있고 활력이 있어 좌우에 날선 어떤 검보다도 예리하여 혼과 영과 및 관절과 골수를 찔러 쪼개기까지 하며 또 마음의 생각과 뜻을 판단하나니."(히4:12) 이러한 히브리 기자의 말씀처럼 만약에 인간이 영혼이 없다면 동물과 같을 것이요, 이 세상으로 끝이 날 것입니다. 그러나 하나님의 말씀은, 이 세상과 저 세상의 비밀까지도 그 길을 제시합니다.

2. 하나님을 만나게 하는 통로

"태초에 말씀이 계시니라…."(요1:1) 왜 성경이 신비의 책입니까? 영감으로 계시한 하나님의 말씀이요 하나님을 만나게 하는 통로이기 때문입니다.

3. 하나님의 계시의 말씀

성경을 깊이 묵상하는 신자가 평소에 자주 읽는 말씀이지만 성령의 감화와 감동으로 특별하게 감동을 주는 말씀이 있습니다. 이 말씀은 평소에는 로고스의 말씀이지만 내게 깊은 감동을 주는 말씀은 곧 레마의 말씀이 됩니다.

세상의 학문이나 서적들은 그 내용에 있어서 한계가 있는가 하면 더 이상 연구의 대상이 되지 못하는 것도 있습니다. 그러나 성경은 많이 애독하면 애독할수록 더 오묘하고 신비스러움을 더해주는 책입니다. 그것은 사람의 말이나 언어가 아닌 살아계시는 하나님의 말씀이기 때문입니다. 그러므로 성경은 고갈되지 않는 진리입니다. 그러므로 더 깊이 묵상하고 살펴보며 영혼의 양식과 활력이 넘치게 됩니다. 이 복된 삶을 위하여 영혼의 양식을 풍성하게 쌓을 수 있기를 축복합니다.

❖ 기 도 ❖

하나님! 세계에서 가장 많이 보급되었고 구원을 이루게 하신 성경을 주신 은혜를 감사합니다. 바라는 것은, 성경이 더욱 더 많이 보급되고 번역되어 전 세계에 읽혀질 수 있도록 하시옵소서. 예수님의 이름으로 기도드립니다. 아멘.

별을 보고 크게 기뻐하는 자 I

본문 • 마태복음 2:1~12
찬송 • 64장, 109장

　메시아 되시는 예수 그리스도의 탄생은 택함을 받았다고 자부하는 유대인 뿐만 아니라 이방 백성들까지 크게 기뻐해야 할 일입니다. 그날 밤에 밖에서 양을 치던 목자들은 유대인이었지만 저 멀리 동방에서 별을 연구하는 동방박사들은 이방인이었습니다. 오로지 별만 연구하는 박사였습니다.

1. 별을 연구하는 박사들

　본문 2장 1절에 "동방으로부터 박사들이" 여기서 말하는 동방이라고 하는 지역은 정확한 지명이 나오지 않고 있습니다. 혹자들은 문화가 발달한 소아시아, 애굽, 인도, 페르시아, 그리스 등 이러한 여러 지명들을 말하는 사람들도 있지만 확실하지는 않습니다. 초대 교회 전승에 의하면 "예루살렘에 있는 주의 전을 위하여 왕들이 주께 예물을 드리나이다."(시68:29) 한 말씀과, 31절에 "고관들은 애굽에서 나오고 구스인은 하나님을 향하여 그 손을 신속히 들리로다." 하는 이러한 구약시대의 예언들을 받침 하여 동방에서부터 귀인들이 또는 왕들이 별을 연구하는 중에 별이 나타나는 때를 맞추어서 유대 땅 베들레헴을 향하여서 먼 길을 찾아 온 것을 짐작해 봅니다.

　여기서 등장하는 박사들은 더러는 바벨론으로 또는 페르시아로 짐작을 하기도 합니다. 계시의 일종으로 별을 연구하고 있는 중에 특별한 별이 나타났고 그 별을 따라 믿음을 가지고 유대 땅에 왔다는 것입니다. 그런데 길을 인도하는 별이 갑자기 사라진 것입니다.

2. 왜 별이 사라진 것입니까

왜 별이 앞길을 인도해 주셨는데 사라진 것입니까? 하나님께서 계시의 수단으로 별을 통해서 인도해 주셨으나 그만 놓치고 말았습니다. 2절을 봅니다. "유대인의 왕으로 오신 이가 어디 계시냐. 우리가 동방에서 별을 보고 그에게 경배하려 왔노라."

하나님의 말씀인 성경이 가라 하는 곳까지 가고 멈추라 하는 곳에서 멈추어야 합니다. 이들의 문제점은 믿음을 가지고 별을 인도하신 하나님을 신뢰하지 못한 것입니다.

끝까지 별만 추적하여 따라갔더라면 그 별은 유대 땅 베들레헴 작은 고을 마굿간까지 인도했을 것입니다. 이러한 사건을 보면서 우리도 때에 따라서는 성령님을 의지하지 못하고 인위적인 방법대로 가다가 실패를 하게 됨을 볼 수 있습니다. 우리는 이제부터라도 성령의 지도와 인도를 받고 따라 가는 자들이 됩시다.

❖ 기 도 ❖

하나님의 크신 사랑을 감사합니다. 이 성탄에 구원의 역사가 더욱 많이 일어나도록 인도하여 주시옵소서. 구주 예수 그리스도의 이름으로 기도드립니다. 아멘.

별을 보고 크게 기뻐하는 자 II

본문 • 마태복음 2:1~12
찬송 • 123장, 125장

사람은 살아가면서 때에 따라서 위기상황이 닥칠 때도 있습니다. 성도들의 영적 생활도 마찬가지 입니다. 별을 보고 따라갔던 동방 박사들은 어떻게 했습니까?

1. 위기를 극복한 동방 박사들

신앙생활을 하는 성도들도 때에 따라서는 방향을 잃을 수가 있습니다. 본문에는 감추어져 있으나 "베들레헴에 가서 자세히 알아보고…내게도 고하여 가게 하라."(8) 자칫 잘못하면 목표달성에 실패할 뻔 했던 위기에 목표를 바로 잡자 성공한 것입니다. "동방에서 보던 그 별이…아기 있는 곳에 머물러 있는지라."(9) 이들이 베들레헴을 향하여 가자 다시 별이 나타나 아기 예수 탄생하신 곳에 멈추어 선 것입니다.

1) 대제사장과 서기관들입니다.

구약의 예언과 말씀을 너무나도 잘 알고 있는 자들입니다. 그러기에 헤롯왕의 질문에 선뜻 대답하기를 "이 모든 일이 된 것은 주께서 선지자로 하신 말씀을 이루려 하심이니."(1:22) 이들은 미가 선지자들의 말을 인용했습니다.(미5:2)

별을 추적해서 유대지방까지 왔다고 한다면 끝까지 별을 따라 인도 받지 못한 문제입니다.

2) 문자적으로만 믿는 신앙의 모순입니다.

우리도 대제사장과 서기관들처럼 문자적으로만 믿는 신앙에서 벗어나야 할 것입니다. 동방 박사들의 실수를 교훈 삼아 성령의 조명을 받아서 실수 보다는 목적을 달성해야 합니다. 지금도 주님을 만나는 큰 은총과 복이 있음을 믿읍시다.

2. 동방 박사들의 경배

11절에 "집에 들어가 아기께 경배하고 황금과 유향과 몰약을 아기께 드리니라"고 했습니다. 황금은 메시아의 왕권을 상징하며 왕에게 드리는 선물입니다. 둘째는 유향인데 이는 예수님의 신성을 상징합니다. 셋째는 몰약으로 이는 시체의 방부제 역할을 하므로 그리스도의 수난과 죽음을 상징합니다.

우리는 성탄을 기뻐하고 감사하며 이웃과 더불어서 기쁜 소식을 전하며 교회도 가정도 성탄을 즐겁게 맞이하시기를 축복합니다.

❖ 기 도 ❖

하나님! 우리에게 예수님을 보내 주심을 감사드립니다. 이번 성탄에 아직도 예수님을 알지 못하는 불쌍한 사람들이 많이 있습니다. 이 지구촌 끝까지 복음이 전파될 수 있도록 인도하시며 믿음의 사람들이 의롭게 살기를 원합니다. 예수님의 이름으로 기도드립니다. 아멘.

끝없는 시작 I

본문 • 빌립보서 1:3~7
찬송 • 301장, 323장

여러분들의 삶과 생활, 가정, 사업 현장에 하나님의 큰 은총이 함께 하시기를 축원 합니다. 오늘은 한해를 마감 짓는 결산의 시간이자 내일을 준비하는 시간이 되기도 합니다.

"불 속에라도 들어가서"는 복음가수 최수동씨의 노래입니다. 건강할 때 순종하지 못해 사우디아라비아에까지 가서 두 다리를 잃게 되면서 작사한 노래입니다. 불순종을 회개하며 복음가수이자 전도사가 되었습니다. 누구든지 기회가 주어졌을 때 충성, 헌신, 봉사를 합시다.

"태초에 하나님이 천지를 창조 하시니라."(창1:1), "나는 알파와 오메가요 처음과 마지막이요 시작과 마침이라."(계22:13)

주님 오실 때까지 계속되어져야 하는 운동이요 기관이요 단체이며 그룹입니다. 다만 우리는 행정상 또 다시 시작하기 위해 모인 것입니다. 우리가 일 년 동안에 받은 복도 세어보고 또다시 받을 복도 준비해보자는 것입니다.

성경에서 복은 나의 최선의 노력과 하나님께서 베풀어주는 은혜가 알파가 되는 것을 말합니다. 히브리어로는 〈아셀〉이라고 하여 하나님께서 함께하심이고 헬라 어로는 〈마카리오스〉라 하여 이를 가리켜 영적인 기쁨이라는 뜻입니다. 그러면 우리가 결국에는 이러한 복을 받기 위해서 주님께 헌신도 하고 봉사도 하고 선교도 하는 것입니다.

1. 기본 신앙을 잘 지켰는가?

운동선수가 되기 위해서는 기본 체력을 갖추어야 선수로서의 자격을 갖추는 것입니다. 우리의 신앙도 기본적인 신앙이 준비되야 선교나 헌신, 봉사도 다 의미가 있는 것이라 할 수 있습니다. 우리가 한 해 동안에 많은 것을 깨닫고 더 잘하기를 노력하고 있음을 감사드립시다. 기독교의 핵심 요소를 정리합니다.

첫째, 창조 신앙입니다. 6일 동안에 천지를 창조하셨다는 말씀 속에는 모든 것이 포함됩니다.

둘째, 임마누엘 신앙입니다. 하나님께서 우리 인간들을 사랑하시고 함께 하는 신앙입니다.

셋째, 십자가 신앙입니다. 예수님의 피가 우리를 모든 죄에서 깨끗하게 하신다는 신앙입니다.(요일1:7)

넷째, 부활 신앙입니다. 이 부활 신앙은 십자가의 신앙이요, 죄로부터 해방입니다. 기본신앙의 터 위에 더욱 발전할 수 있는 신앙인이 되시기를 축복합니다.

❖ 기 도 ❖

하나님! 실수도 많았지만 한 해 동안 수고한 모든 회원들을 붙잡아 주심을 감사합니다. 임마누엘의 신앙으로 무장하여 더욱 발전되고 성숙한 믿음으로 나갈 수 있기를 소망합니다. 하나님! 한 해를 결산하고 새해에도 붙잡아 주셔서 주님을 기쁘게 하며 영광 돌릴 수 있기를 원합니다. 우리의 신앙이 성숙하고 우리의 가정이 믿음으로 합심하여 몸 된 교회를 부흥시킬 수 있기를 소원하오며 예수님의 이름으로 기도 드립니다. 아멘.

끝없는 시작 Ⅱ

본문 • 빌립보서 1:3~7
찬송 • 79장, 292장

왜 끝없는 시작이라고 합니까? 우리의 신앙은 하나님께서 계신 곳 천국에까지 가는 것이 목표이기 때문입니다. 우리 그룹의 임기는 혹시 한해를 마감하고 결산을 하면 끝나는지 모르겠습니다. 그러나 해가 바뀌고 달이 바뀌어도 하나님을 섬기는 신앙은 변함이 없습니다. 한해를 결산하면 또 다시 새로운 해를 설계하고 부족한 점, 모자란 점 등을 발견해서 보충해 나갑니다. 그러므로 우리의 시작은 끝없는 시작인 것입니다.

1. 우리에게 주신 사명은 다하였는가

사명이란 주어진 임무를 말하며 타국에 가는 사신이 받은 명령을 뜻하기도 합니다. 바울은 고백하기를 복음을 전하는 사명을 다 마칠 때까지 쉬지 않겠다고 했습니다. 우리의 사명은 복음을 열심히 전하는 것이 사명이며, 사업을 위해서 물질을 많이 모아 전도 사업을 위해 투자를 해주는 것도 사명을 다하는 것이라고 할 수 있습니다. 주님께서 이 땅에서 승천하시면서 남기신 말씀이 가장 합당한 사명일 것입니다.

"그러므로 너희는 가서 모든 민족으로 제자를 삼아 아버지와 아들과 성령의 이름으로 세례를 베풀고…모든 것을 가르쳐 지키게 하라."(마28:19~20) 이러한 명령을 잘 이행하며 순종하는 자들에게는 모든 권세를 주어서 세상 끝날까지 항상 함께 해주시겠다는 약속입니다. 이 약속의 말씀을 믿고 복음을 수출하며 선교단체를 후원하는 교회로 거듭납시다.

2. 사절단의 사명으로 일합시다

영어로 미션(Mission)이라고 하면 여러 뜻이 포함되어 있는데 그 뜻 가운데 하나가 사절단입니다. 우리들의 사절단들이 해야 하는 일들은 기도의 불화살로 선교지 땅을 향해서 계속 쏘아 올려야 하는 것입니다. 이 화살을 높이 쏘아 올리면 복음을 가로 막고 있는 철의 장벽이 무너지고 무슬림이든지 힌두교든지 불교인이든지 철의 장벽 도성들이 무너지는 역사가 일어날 것이요, 사탄의 권세들이 무너져서 가시덤불과 엉겅퀴가 무성한 쓸모없는 땅들이 변하여 복음의 싹이 나도록 기도합시다.

우리는 포부를 크게 가지고 국내든지 국외던지 복음만 수출하면 하나님께서 기뻐하십니다. 한 해 동안 수고한 모든 분들에게 하늘의 복으로 채워주시기를 축복합니다.

❖ 기 도 ❖

허물많은 저희에게 긍휼을 베푸사 우리 교회가 발전하고 성장할 수 있도록 인도하심을 감사드립니다. 저희의 허물과 죄를 용서하여 주시고 내적으로 충만함을 주사 더욱 부흥하여 하나님을 기쁘시게 하며 새해에는 더욱 사명을 잘 감당하는 교회가 되기를 원합니다. 질적으로도 양적으로도 부흥하며 교회와 가정이 더욱 활성화 되게 하옵소서. 예수님의 이름으로 기도드립니다. 아멘.

끝없는 시작 Ⅲ

본문 • 빌립보서 4:19
찬송 • 274장, 357장

바울 사도는 모든 헌물을 보내준 빌립보 교회의 성도들의 분수에 넘치는 연보에 감사하며 분명 하나님께서 보상해 주실 것을 말하고 있습니다.

1. 새 일을 행하는 각오로 결산을 하자

"보라 내가 새 일을 행하리니 이제 나타낼 것이라…반드시 내가 광야에 길을 사막에 강을 내리니."(사43:19) 이와 같이 언젠가는 말씀의 씨앗들이 떨어진 곳에 복음의 새싹들이 움트리라 봅니다. 우리 하나님께서 가장 기뻐하시는 일은 첫째 복음전파요 둘째는 하나님나라 확장입니다. 우리들이 기관을 조직하고 그룹을 지어 일하는 것 모두가 다 하나님나라 확장입니다. 오늘 결산을 하는 것은 1년의 통계 자료가 근거가 되어 빈틈없는 계획 속에 짜여진다면 그것은 곧 끝없는 전진입니다. 오늘 총회를 하면서 그 동안 소홀 했던 부분들을 발견하고 우리의 기도의 열기가 저 하나님나라 천국에까지 메아리 치도록 기도의 불화살을 높이 쏘아 올립시다.

2. 우리들의 산업도 부흥시켜야

"겸손과 여호와를 경외함의 보상은 재물과 영광과 생명이니라."(잠22:4) 우리가 뜻을 가지고 기도하면 참으로 좋은 길을 열어주시리라 믿습니다.

미국에 있는 흑인 아버지가 자기 아들에게 조지 워싱턴 카버라는 이름을 지어 주었습니다. 그는 지금부터 100년 전쯤의 인물로 인생이 무엇인가를 기도했고 큰 인물이 되게 해달라고 기도한 것입니다. 그는 농장을 경영하면서 땅콩과 고구마를 가지고 무엇을 할 수 있습니까? 하고 기도했더니 하나님께서 그에게 말씀하시기를 너에게도 인격과 지혜를 주었으니 네가 직접 연구해보라고 했다 합니다. 이런 기도의 응답을 받은 카버는 땅콩을 연구하는 중에 그 땅콩으로 300여 가지의 생필품을, 또 수레의 자축 기름과 화장품, 인쇄잉크, 밀크, 크림, 버터, 샴푸, 쇼트, 초, 커피 등을 만들어 성공을 하였으며, 고구마로는 150가지의 물품을 발명했습니다. 카버처럼 기도의 용사들이 됩시다. "광야가 변하여 못이 되게 하며 마른 땅이 변하여 샘물이 되게 하시고."(시107:35) 이런 능치 못함이 없는 하나님을 찬양합시다.

우리의 그룹도 우리의 산업도 우리의 교회도 부흥시킵시다. 마음껏 투자해서 큰 열매를 거두시기를 축복합니다.

❖ 기 도 ❖

하나님! 우리의 영혼의 목자가 되시고 생명의 근원이 되는 하나님을 찬양합니다. 졸지도 아니하시고 주무시지도 아니하시는 하나님께서 날마다 교회와 모임을 지켜주시고 가정을 행복하게 이끌어 주심을 감사합니다. 새해에도 변함없이 이끌어 주시고 보호하여 주옵소서. 영혼의 목자가 되시는 예수님의 이름으로 기도합니다. 아멘.

"우리는 예수께서 심판자로 오실지
은혜로 오실지를 결정하는 역할을 한다." 〈본 회퍼〉

부록

기타 설교

메모

주제별 성경 찾기

출석부

주소록

청지기의 생활

본문 • 누가복음 12:33~48
찬송 • 330장, 338장

보물이 귀한 것은 알지만 그 보물을 알고만 있다고 해서 자신의 것이 되지 않습니다. 자신의 모든 재산을 다 처분하여 그 보물이 숨겨져 있는 밭을 사야 합니다. 그때까지는 큰 모험이 따르며 힘이 들고 나의 소유로 만든 뒤에야 안심할 수가 있습니다.

1. 청지기란?

청지기는 집을 맡아 관리하는 집사들에게 주어진 직책을 말합니다. 이는 주인의 뜻을 따라서 감독도 하고 관리도 하는 대리자를 말한다고 하겠습니다. 본문은 사명을 다 감당하지 못한 자의 벌을 말하고 있는 내용입니다.

"그 날에 여호와께 죽임을 당한 자가 땅 이 끝에서 땅…."(렘 25:33) 이같이 청지기나 사명자는 둘 다 매우 귀한 직책입니다.

청지기란? '주인의 비서' 또는 '지배인' 혹은 총무의 의미가 있습니다. 청지기는 하나님의 집인 교회당 또는 하나님의 사업과 하나님의 재산을 맡아서 일하는 사람을 말합니다. 우리 예수님을 구주로 영접하고 사는 사람은 예수님의 청지기입니다.

2. 청지기의 윤리관

1) 주인의 소유권을 인정해야 합니다.
2) 주인의 회수권을 인정해야 합니다.

① 참된 청지기는 재물을 의지하지 않습니다.
② 언제든지 하나님께 요구하신다면 내놓을 수 있는 자세여야 합니다.
3) 하나님 앞에 감사하는 뜻을 인정하는 것입니다.
① 시간에 대해서 보고해야 합니다.
② 물질에 관해서도 보고해야 합니다.

3. 청지기의 사명
1) 선민적인 사명이 있습니다.
2) 봉사적인 사명이 있습니다.(벧전4:10)

우리는 청지기의 사명을 완수하되 충성스런 청지기들이 모두 되셔서 천국의 영생의 복을 받아서 주인의 잔치에 즐겁게 참예하는 은혜가 있기를 기원합니다.

❖ 기 도 ❖

청지기의 사명을 잘 감당하여 주인의 쓰임 받는 종들이 되게 하옵소서. 우리 힘으로는 안 되오니 성령의 불타는 심령으로 주를 섬기게 하옵소서. 이 민족의 우상숭배의 죄를 회개합니다. 자손들이 예수 안에서 쓰임 받게 하옵소서. 성령의 불타는 교회되게 하옵소서. 예수님의 이름으로 기도합니다. 아멘.

선한 청지기 같이 봉사하자 I

본문 • 베드로전서 4:7~11
찬송 • 347장, 597장

우리가 교회 안에서 헌신, 충성, 봉사라는 용어를 가장 많이 사용합니다. 문제는 우리가 헌신 예배를 드릴 때만 헌신하자, 봉사하자, 충성하자 하는 것입니다.

1. 마지막 때에 행할 성도의 의무

정신을 차리고 근신하며 기도하는 일에 헌신해야 합니다.
"너는 이것을 알라 말세에 고통하는 때가 이르러 사람들이 자기를 사랑하며 돈을 사랑하여…."(딤후3:1~2), "만물의 마지막이 가까이 왔으니…정신을 차리고 기도하라."(7)

지금은 주신 은사가 많은데 주신 은사를 정신을 차리고 행하라는 것입니다. 그런데 우리는 문화병(물질 낭비, 탐심 탐욕, 과도한 소비 등)에서 벗어나서 기도와 봉사에 헌신해야 합니다.

'근신하라'는 '깨어서 주의하다', '경계하다'라는 뜻입니다. 이 세대를 바라보면서 위험한 세상에서 세속의 바람이 물밀듯이 밀려오는 이때에 영적으로 무장하지 않으면 헌신, 봉사, 충성도 할 수가 없으므로 근신하며 깨어 기도해야 합니다.

2. 사랑으로 봉사해야 하는 의무

사랑에는 두 가지 행동이 따라야 합니다.
첫째, 주는 것입니다. 주고 싶은 마음이 먼저 있어야 합니다.

둘째, 축복하는 것입니다.

이 말은 복을 빈다는 뜻이지요. 비는 것으로 끝나는 것이 아니라 실제로 베풀고 나누어 주는 것입니다. 이 복을 베풀면 심령도 새로워지고 모든 것이 새로워집니다. 만약에 초신자들이 있다면 서로 사랑하며 나눔으로 든든하게 합시다.(벧전4:8;잠10:12)

3. 선한 청지기같이 서로 봉사하라

첫째, 봉사는 섬긴다는 뜻입니다. 둘째, 보상을 받지 않고 베풀고 나눈다는 말입니다.(10절)

우리의 주어진 달란트를 잘 활용하여 잘 했다 칭찬 받는 모두가 되시기를 축복 합니다.

❖ 기 도 ❖

하나님! 우리가 육체적인 힘을 과시하지 말고 성령의 바람을 일으키는 그룹 되게 하옵소서. 믿음의 기업이 되어서 나태하고 게으른 병을 다 떨쳐버리고 이 시대에 오순절의 성령의 바람을 일으키는 교회가 되고 기관이 되게 하여 주옵소서. 세계에 쓰임 받는 교회, 그룹, 가정되게 하옵소서. 예수님의 이름으로 기도합니다. 아멘.

선한 청지기 같이 봉사하자 II

본문 • 베드로전서 4:7~11
찬송 • 360장, 545장

하나님께서 교회 안에 그룹을 형성하게 하시고 독립이지만 예수님의 몸으로서의 기관이요 그룹이기에 우리의 사명은 전파하고 섬기며 그리스도의 복음을 이방인들에게 전파하는 사명을 주셨습니다. 특히 전도에 은사를 받았던지 받지 못했던지 죽도록 충성해야 합니다.

1. 왜 우리가 전도, 헌신, 봉사를 해야 합니까?

요나는 주어진 달란트를 피하다가 3일 동안 물고기 뱃속에서 회개의 쓴 잔을 맛보았습니다. 그의 고통은 맡겨진 사명에 불순종했기 때문입니다. 요나는 철저하게 회개했습니다. 우리가 봉사할 때 봉사하지 않으면, 순종해야 할 때 순종하지 않으면, 풍랑을 맞게 됩니다. 그러므로 지체의식, 선교의식, 임재의식을 잘 깨닫고 충성 합시다.

2. 봉사는 누구를 위해서 해야 합니까?
1) 나의 장래와 나의 가족과 미래를 위해 해야 합니다.

① "사람이 무엇으로 심던지 그대로 거두리라"(갈6:7) 농부의 농사법도 많이 심는 자에게 많이 거두고 적게 심는 자는 적게 거두는 원칙이 있습니다. 사람도 무엇을 뿌리느냐에 따라 열매가 맺어집니다. 선을 심는 자에게 선한 열매로 물질봉사로 헌금을 많이 심는 자

에게 재물의 복을(현대판 베드로의 기적) 받습니다. 첫째, 아브라함의 복(창24:1), 둘째, 평강의 복, 셋째, 사죄의 복(시32:1), 넷째, 영생의 복(시133:3), 다섯째, 천국의 복(마5:3)을 받습니다.

② 넘치도록 받는 비결이 있기 때문입니다.

"하나님은 능히 모든 은혜를 넘치게 하시나니."(고후9:8)

하나님께서는 물질에도 넘치게, 은혜에도 넘치게, 사랑도 넘치게, 마치 요단 강물이 넘치듯이 사랑하는 자에게 주십니다.

세상 만물은 하나님의 말씀으로 창조하였지만 교회는 예수 그리스도의 피로 값을 치루시고 사셨기 때문에 세상 만물은 다 썩어 없어지지만 주님의 교회는 그 실체가 하늘나라에까지 이어집니다. 그러므로 우리가 교회를 위해 봉사하는 것이 얼마나 값지고 귀한지 모릅니다.

3. 우리 성도들은 어떤 자세로 봉사해야 하겠습니까?

자원하는 마음으로 봉사하며 묵직한 마음과 든든한 마음을 먹고 내 뼈를 이곳에 묻겠다고 하는 자세로 봉사하고 헌신해야 합니다. 어떤 경우에는 내가 이 교회를 지키겠다는 각오도 필요합니다.

❖ 기 도 ❖

하나님! 믿음 주시고 봉사 헌신하게 하심을 감사합니다. 우리의 부족과 불충성을 용서하여 주옵소서. 우리 모두가 겸손하게 헌신하며 봉사하게 하여 주옵소서. 우리들이 죽어가는 영혼에 대한 책임감을 갖고 전도하게 하옵소서. 교회와 가정 그리고 우리가 경영하는 기업과 직장도 발전하게 하옵소서. 예수님의 이름으로 기도합니다. 아멘.

눈을 열어 기적을 보라

본문 • 마가복음 8:22~26
찬송 • 515장, 550장

어느 날 벳새다에 예수님께서 가셔서 소경의 눈을 뜨게하셨습니다. 진흙에 침을 섞어 소경의 눈에 바르시고 무엇이 보이느냐 할 때에 소경이 대답했습니다. "사람들이 보이나이다. 나무 같은 것들이 걸어가는 것을 보나이다."(24) 아직도 시력이 완전하지 못함을 아신 예수님께서 다시 안수하시자 눈이 밝아져서 만물을 밝히 볼 수가 있었습니다.

1. 겸손하고 정직해야 자신을 볼 수 있는 눈이 열린다

연약하고 불완전하고 허물이 많은 나 자신을 보지 못하는 사람은 교만해서 자기중심에 사로 잡혀서 있기에 기적을 볼 수 없습니다. 그렇지만 겸손하게 자기 자신을 보고 진단하는 사람은 그 기적을 볼 수 있습니다. "마음이 청결한 자는 복이 있나니 그들이 하나님을 볼 것임이요."(마5:8)

기적이란 무엇입니까? 불치의 병에 시달리는 환자가 하나님의 은혜로 치료를 받은 것도 기적이요 앉은뱅이가 일어서는 것도 기적이지만, 오늘 본문 말씀처럼 눈을 뜬 소경이 처음으로 사람을 보았고 나무를 보았고 자연 만물을 본 것도 기적입니다. 또 한 생명이 지옥의 형벌을 받아야 했었는데 전도를 통해 구원을 체험하고 하늘나라 시민이 된 것도 기적입니다. 이는 큰 기적 중에 기적입니다.

2. 부정적인 감정이 걷히게 될 때 기적을 보는 눈이 열린다

똑같은 사물을 보되 기쁜 마음으로 보는 것과 억눌린 감정으로 보는 것과는 차이가 많음을 알아야 하겠습니다. 우리들은 어떤 마음, 어떤 감정을 가지고 살아갑니까. 만일 불안, 초조, 염려, 근심, 걱정 같은 부정적인 감정이 우리 마음을 지배하게 되면 감사와 기쁨이 나올 수가 없습니다.

3. 의심의 안개를 걷어내야 신앙의 눈이 떠진다

본문의 말씀을 보면 단번에 보게 된 것이 아닙니다. 성도들도 신앙의 눈을 뜰 때에 확신을 가집니다. 소경의 눈도 자신이 사물을 발견하고 눈이 환하게 열렸던 것입니다. 신앙의 눈이 열려야 기적을 보게 됩니다. 비록 오랫동안 신앙생활을 했어도 하나님의 말씀을 진실하게 받지 못하거나 순종하지 못한 사람은 하나님의 기적을 보기가 어렵습니다. 어린아이들의 마음처럼 신실한 마음을 가지고 하나님 말씀을 순수하게 믿는 자들이 됩시다.

작은 일에도 큰 일에도 서로 협력하여 기도하며 나갈 때에 예수님의 몸인 교회는 날마다 좋은 소문이 날 것이며, 가정에도 기업에도 터전에도 하나님이 베풀어 주시는 은혜가 가득할 것입니다.

❖ 기 도 ❖

하나님과 교제하며 어두워져 가는 세상속에 주님의 빛을 나타내는 교회와 성도들이 되도록 인도하여 주옵소서. 말씀대로 실천하여 세상에 빛과 소금이 되게 하옵소서. 예수님의 이름으로 기도합니다. 아멘.

하나님나라에 합당한 일꾼

본문 • 누가복음 9:57~62
찬송 • 331장, 543장

1. 자기를 부인하는 자

한 청년이 예수님께 나와 제자가 되기를 원했습니다. "어디로 가시든지 나는 따르리이다."(눅9:57) 이 청년은 예수님을 따라다니면서 예수님께서 행하시는 이적도 기사도 표적도 본 것 같습니다. 그래서 어디로 가든지 따르겠다고 한 것입니다.

병이 걸리면 예수님께서 고쳐주시고, 배가 고프면 오병이어의 기적으로 배불리 먹여주시고, 어쩌다가 죽게되면 살려주시니 그는 주님 가시는 길이면 어디든지 따라가겠다고 한 것입니다.

어떠한 기적만 보고 교회에 나오는 것은 참 믿음이 아니며 이러한 사람은 제자가 될 수도 없습니다. 유대인들은 예수님께서 예루살렘에 입성하실 때에 환영했지만 예수님을 십자가에 못박으라고 외쳤던 자들이었습니다.

2. 예수님의 길을 따르는 자

예수님께서는 또 다른 청년에게 나를 따르라고 했습니다. "그가 이르되 나로 먼저 가서 내 아버지를 장사하게 허락하소서."(눅9:59) 이 청년은 먼저 그의 아버지의 장례문제를 우선 순위로 말을 했습니다. 그러나 예수님께서는 "죽은 자들로 죽은 자들을 장사하게 하고 너는 가서 하나님의 나라를 전파하라."(눅9:60) 시간적으로 계산할 때 예수님을 먼저 생각하고 인간적으로 생각할 때도 예수님의 일과 사명을 먼저 생각해야 함을 예시해 주고 있습니다.

예수님께서는 산상수훈에서 언제나 먼저를 원하셨습니다.

"너희는 먼저 그의 나라와 그의 의를 구하라 그리하면 이 모든 것을 너희에게 더하시리라."(마6:33)

3. 적극적인 헌신자

또 한 사람이 찾아와서 예수님께 고합니다. 61절에 "주여 내가 주를 따르겠나이다마는 나로 먼저 내 가족을 작별하게 허락하소서." 그러자 예수님께서 "손에 쟁기를 잡고 뒤를 돌아보는 자는 하나님의 나라에 합당하지 아니하니라."(62)고 하였습니다. 예수님을 따를 때에 중요한 것은 일직선으로 가야 한다는 것입니다.

주님께서 우리들에게 제자가 되라고 하고 계십니다. 제자가 되기 위해서는 우리의 시간과 정성을 투자해야 합니다. 우리가 우선순위를 주님께로 맞출 때에 주님은 우리의 가장 소중한 열매를 맺게 합니다. 우리는 모두 예수님의 제자들입니다. 제자들에게는 세상 끝날까지 함께하는 복을 허락하십니다. 이 큰 은혜가 있기를 축복합니다.

❖ 기 도 ❖

은혜로우신 아버지 하나님! 영적인 눈을 열어주셔서 우리에게 임재하신 주님을 보게 하시고 교회와 가정과 사회를 빛나게 하시며 예수님의 제자도를 따르는 삶이 되게 하소서. 예수님의 이름으로 기도합니다. 아멘.

역사의 주인공임을 알자

본문 • 디모데후서 2:1~4
찬송 • 347장, 574장

미래를 창조하고 미래를 개발하고 새롭게 발전 시키는 때가 곧 젊은 청년의 때라 생각합니다. 청년은 곧 나라의 꽃이요 사회의 희망이요 교회의 소망입니다. 세계 역사의 주역들이 모두 청년의 때에 큰 일을 감당하며 꿈을 가졌습니다.

1. 예수님을 모델로 삼읍시다

예수님은 하나님의 무한하신 가능성을 보고 사역을 하셨습니다. "공중에 새를 보라 심지도 않고 거두지도 않고 창고에 모아들이지도 아니하되 너희 하늘 아버지께서 기르시나니 너희는 이것들보다 귀하지 아니하냐."(마6:26)

주님은 죄인들을 구속하기 위해 불타는 사랑으로 십자가를 지시고 희생 제물이 되시기까지 하신 것입니다. 주님께서는 진리의 말씀으로 하나님을 대적하는 무리를 밟아 이기셨습니다.

2. 그리스도의 정신을 본받고 따릅시다

바울 사도는 말하기를 "누구든지 그리스도의 영이 없는 사람은 그리스도의 사람이 아니라"고 하였습니다.

믿음의 청년들은 그리스도의 정신을 가지고 살아가라고 하고 있습니다. 청년 디모데에게 권면하는 말은 두 가지로 생각할 수가 있습니다.

첫째, 예수 그리스도 안에서 강하게 서라는 것입니다.

둘째, 충실한 자들에게 복음을 증거하라고 하고 있습니다.

다른 사람들에게 복음을 중심으로 해서 예수님의 제자로 삼으라는 말씀입니다.

3. 기독청년의 사명은 무엇인가

"오직 성령이 너희에게 임하시면 너희가 권능을 받고 예루살렘과 온 유대와 사마리아와 땅 끝까지 이르러 내 증인이 되리라 하시니라."(행1:8) 그러므로 우리 젊은이들은 성령을 충만히 받아서 복음을 전하는 일에 힘써야 합니다. 복음을 전파하는 것, 선교를 하는 것, 물질이나 정책으로나 힘으로는 되지 않습니다. 성령충만 받을 때만 선교, 헌신, 봉사, 충성도 가능한 것입니다.

"너는 청년의 때에 너의 창조주를 기억하라 곧 곤고한 날이 이르기 전에."(전12:1)

이제 무엇을 보고 읽으면서 꿈을 키워가시겠습니까?

❖ 기 도 ❖

세계를 품을 수 있는 꿈과 비전을 주옵소서. 이 나라와 세계를 무대로 삼고 하나님의 도구로 사용되게 하옵소서. 주님께서 쓰신다고 하면 주의 음성을 듣고 순종하는 믿음을 주옵소서. 예수님의 이름으로 기도합니다. 아멘.

Memo

Memo

Memo

Memo

Memo

Memo

Memo

Memo

Memo

Memo

Memo

주제별 성경 찾기

1. 가정 경축행사 및 축하

1. 결혼 및 약혼
바람직한 결혼 모습 • 창 2:23
결혼의 세 가지 원리 • 창 2:24
이상적인 결혼 • 창 24:67
이상적인 부부 • 엡 5:22-23

2. 자녀 출산
복된 자녀 • 딤후 1:5
만복을 누리기를 • 창 12:2
한나의 기도 • 삼상 1:15

3. 자녀 교육
주의 도를 가르침 • 엡 6:4
성경으로 자란 사람 • 딤후 3:16
눈물로 기른 사람 • 시 126:5-6
강하고 지혜롭게 • 눅 2:40
지혜를 가르치라 • 잠 4:6-7

4. 생일 축하
시냇가의 나무처럼 • 시 1:3
평강의 하나님 • 살후 3:16
주의 축복 • 시 23:1-2
하나님 자녀의 축복 • 창 32:10
영원한 복 • 삼하 7:18
나의 반석 • 시 18:2
주는 내 편이시라 • 시 56:4
여호와의 보호 • 시 3:3

5. 회갑 및 진갑
네 나이가 몇이냐 • 창 47:9
안개 같은 인생 • 시 90:5-6
주의 지키심이 • 시 121:5-6
부르심을 위해 • 딤후 4:7-8
여호와를 따라 • 수 14:10
여호와의 동행 • 창 5:24
목자이신 하나님 • 시 23:1-2
수고로운 인생길 • 전 1:14

주 뜻대로 • 벧전 4:2
대접하는 노인 • 창 18:2
기약이 가까움 • 벧후 1:14
천국의 집 • 요 14:2
장수와 평강 • 잠 3:1-2

6. 입학
지혜의 근본 • 잠 9:10
주를 본받아 • 고전 11:1
열매 있는 삶 • 갈 5:22-23
이 마음을 품고 • 빌 2:5
주님의 자녀처럼 • 빌 2:15

7. 진학
성숙을 지향하려면 • 엡 4:13
더하고 더하라 • 빌 3:13
다니엘과 세 친구 • 단 1:17
두 가지 지혜 • 고전 3:19-20

8. 졸업
주님의 파송 • 마 10:5-6
가르치고 지킬 일 • 신 6:24
배운 자의 도리 • 딤전 4:16
주의 지혜를 구함 • 잠 8:35-36
꿈을 가지라 • 창 28:12
큰 꿈을 꾸라 • 창 37:9
산 제사 • 롬 12:1
빛 되신 말씀 • 시 119:105
새 생활 • 엡 5:11-12
어디로 가든지 • 수 1:7
신앙의 파선자 • 딤전 1:19-20

9. 이사 및 입주
기초석이신 그리스도 • 고전 3:10
영원한 집을 사모하며 • 히 11:16
재앙이 없는 집 • 시 91:1-2
지혜로 세운 집 • 잠 24:3-4
이사는 하나님의 섭리 • 창 46:3-4
본향을 떠남 • 히 11:8

인생은 셋방살이 • 행 28:30-31
빈 손 들고 사는 인생 • 전 5:15

10. 취업 및 승진
부지런한 손 • 잠 10:4-5
처음보다 나중이 • 욥 42:12
일꾼이 된 기쁨 • 마 20:7
신실한 일꾼 • 마 25:21
맡은 자의 충성 • 고전 4:2
본이 되라 • 벧전 5:3
우리를 본받게 • 살후 3:9
종에서 총리대신으로 • 창 41:38

11. 개업 축하 및 사업 확장
하나님 제일주의 • 단 3:14
하나님의 축복 • 창 26:12-13
십일조를 드릴 것은 • 말 3:10
처음은 미약하나 • 욥 8:7
경영주는 하나님 • 잠 16:3
여호와를 인하여 • 삼상 2:7
적은 소득이라도 • 잠 15:16
중심을 보심 • 삼상 16:7
주의 전을 위하여 • 대상 29:3
여러 가지 축복 • 잠 3:9-10
속이지 말라 • 잠 11:1
공정한 거래 • 신 25:15
복받은 장사꾼 • 행 16:14
하늘 창고를 열으사 • 신 28:12

12. 출국
약속의 하나님 • 수 1:3
어디로 가든지 • 창 28:15
조국을 그리며 • 시 137:1
택하신 백성 • 시 37:23-24
하나님이 준비하신 땅 • 창 12:1

13. 귀국
새 이름, 새 생활 • 창 32:24-25
유쾌하게 되는 날 • 행 3:19

14. 군 입대 축하
정병이 되라 • 삿 7:7
타인에 대한 모범 • 마 5:16

2. 심방과 임종 및 추도

1. 임종(신자)
저 하늘에는 • 계 7:15
성도들과 천국에서 • 계 22:5
면류관을 바라보며 • 딤후 4:8
하나님의 집을 바라며 • 고후 5:1
풀이 마름같이 • 약 1:11
안개 같은 인생 • 시 90:3-4
우리의 시민권 • 빌 3:20
생명을 주신 하나님 • 요 3:16
생명의 길 • 요 14:6
사망을 이기는 주 • 사 25:8
나를 위해 정한 날 • 전 3:1-2
편히 쉬리 • 사 57:1-2

2. 임종(불신자)
오늘 함께 낙원에 • 눅 23:43
죽음은 정하신 이치 • 창 3:19
주의 자녀 • 요 1:12
위대한 사랑 • 요일 5:11
너와 나의 천국 • 계 21:27
풀과 같은 인생 • 사 40:6-7
부활의 길 • 요 11:25-26
너를 위한 희생 • 사 53:5
손 넓이 만한 날 • 시 39:5
앞 일을 모르는 인생 • 잠 27:1
다 내게로 오라 • 사 55:1

3. 입관, 영결, 하관
악인의 장막보다 • 시 84:10-11
우리의 년수 • 시 90:10
영원한 집 • 시 65:4
확실한 위로 • 고전 15:51-52

주제별 성경 찾기

깨어질 무덤 • 요 5:28-29
돌아가는 길 • 전 3:20-21
영원한 해방자 • 롬 8:1-2
열조에게 가는 길 • 창 25:7-8

5. 유족 위로 및 추도
나그네 인생 • 벧전 2:11-12
재림을 위한 준비 • 살전 4:13-14
사망의 양면 • 눅 16:26
주의 소유 • 롬 14:8
성도의 죽음 • 창 50:12-13
의인의 자손 • 시 144:12
내 길을 즐거워하라 • 시 37:4-6
위로의 하나님 • 사 40:1-2
그날을 생각하며 • 고전 15:50

3. 심방과 위로 방문

1. 재난을 당함
시련의 의미 • 욥 1:22
능히 감당하게 • 고전 10:13
십자가를 지고 좇음 • 마 16:24
주의 구원을 보라 • 출 14:13
은혜로 인한 고난 • 벧전 5:10

2. 시험 및 사업에 실패함
주의 장중에 • 시 31:22
나를 부르라 • 시 50:15
주님을 깨우라 • 마 8:25-26
세 번이나 당하신 시험 • 마 4:1-11
섭리를 깨달을 때 • 창 45:5
환난 중의 기쁨 • 롬 5:3-4

3. 범죄하고 낙심함
회개를 원하심 • 눅 15:7
죄인을 위하여 • 롬 5:8
돌아온 죄인 • 눅 19:9-10
세리의 고백 • 눅 18:13

4. 가난함
죄인을 전도자로 • 마 9:9
영혼의 부자 • 마 6:33-34
비천에도 풍부에도 • 고전 4:11-12
믿음의 부자 • 약 2:5
합당한 기도 • 잠 30:9

5. 핍박받음
핍박받는 주 • 마 27:27-29
주 때문에 • 출 17:7
핍박에 따르는 축복 • 마 5:11-12
핍박에서 소망으로 • 벧전 4:12-13
시련으로 면류관을 • 계 2:10
인내로 약속을 • 히 10:34-35

6. 근심 및 염려에 빠짐
심령을 상하게 함 • 고후 7:10
주의 약속을 기억 • 히 13:5-6
주를 찾음 • 시 42:1-2
낙심하지 않고 • 고후 4:16-17

4. 심방과 환자 방문

1. 병 문안(신자)
병을 지신 주 • 마 8:16-17
주는 나의 목자 • 사 40:11
주의 영광을 위한 병 • 요 9:3
야이로의 딸의 병 • 막 5:23-24
베드로 장모의 열병 • 막 1:30-31

2. 병 문안(불신자)
가나안 여자 딸의 병 • 마 15:28
주님이 필요한 병자 • 막 5:28-29
병들면 예수를 찾을 것 • 마 9:2
병을 꾸짖는 예수 • 눅 4:39

3. 장기 환자
38년 된 병자 • 요 5:5-6
병자의 자세 • 마 9:27-28

주제별 성경 찾기

4. 환자의 발생시
연단의 가치 • 욥 23:10
징계의 하나님 • 욥 5:18-19
연단받은 소망 • 약 1:2-4
위엣 것을 찾을 때 • 골 3:1
징계받은 아들 • 히 12:7

5. 수술의 직전
너는 내 것이라 • 사 43:1
깨끗함을 받으라 • 마 8:3

6. 정신질환자
사탄아 물러가라 • 막 1:25-26
새롭게 하실 기회 • 시 103:4-5
다윗의 눈물 • 시 6:1-2

5. 심방과 수감자 방문

1. 수감자 위로
모범적 수감자 • 창 39:23
옥중의 찬송 • 행 16:25-26
죄인의 대언자 • 요일 2:1

2. 수감자 전도
죄인의 길 • 시 1:4-6
세리의 회개 • 눅 18:13
돌아온 탕자 • 눅 15:21-22
회개를 원하시는 주 • 시 51:17
믿지 않는 죄 • 요 3:18
죄에서 떠나라 • 시 1:1

6. 심방과 신앙생활

1. 초신자
말씀을 따라 • 출 15:26
의심이 많은 자 • 요 20:27
새 사람으로 • 엡 4:22-24
영생의 길 • 마 7:13-14

성도의 교제 • 고후 6:14-15
심는 대로 거둠 • 갈 6:8

2. 믿음을 버린 자
뒤를 돌아보는 자 • 눅 9:62
끝까지 견디는 자 • 막 13:13
롯의 아내 • 창 19:25-26
성령 거스리는 죄 • 살전 5:19-22
두 번 못 박는 죄 • 히 6:6

3. 믿음이 흔들리는 자
거룩한 생활 • 벧전 1:15-16
참 포도나무 • 요 15:4
종의 생활 • 빌 3:7-8

4. 기도 생활에 게으른 자
항상 기도하라 • 눅 18:7
진실한 기도 • 시 145:18-19
믿음이 없는 기도 • 마 6:7

5. 거짓 종교에 빠진 자
진리를 떠난 자 • 딤전 6:3-4
거짓 선지자들 • 벧후 2:1
거짓 선지자를 떠나라 • 마 7:15-16
주의 품에 거할 자 • 시 15:1
자유를 지키려면 • 벧후 2:15-16
말세의 징조 • 딤전 4:1

6. 술과 방탕에 빠진 자
주의 말씀에 따라 • 시 119:1-2
술 취함을 경계하라 • 창 19:31-32
술의 해악 • 잠 23:31-32
음주를 멀리하라 • 잠 20:1

7. 세상만을 따르는 자
재물을 사랑하는 자 • 마 19:21-22
육신 대로 사는 생활 • 엡 2:3
삼손의 불행 • 삿 16:21-22
가룟 유다의 배반 • 요 13:29-30
죽는 길 • 잠 14:11-12

8. 죄에 물든 자
말세에 조심하라 • 유 1:18-19
소금의 교훈 • 마 5:13
불의와 함께 말라 • 잠 1:10-11
허망을 버리라 • 엡 4:17
허다한 간증자들 • 히 12:1
중심의 진실 • 시 51:6-7

9. 회개하기를 원하는 자
회개하라 • 사 57:15
회개와 성령 • 행 2:38
하나님께 가까이 • 사 1:18

10. 교회를 부인하는 자
반석 위의 교회 • 마 16:18
교회는 예수의 몸 • 엡 1:22-23
살아 계신 주의 교회 • 딤전 3:15

11. 출석을 게을리하는 자
때에 따른 은혜 • 히 4:16
처음 은혜를 지킴 • 요일 2:24
누가 너희를 막더냐 • 갈 5:7-8
안식일을 지키는 자 • 사 58:13
주를 섬기라 • 계 3:19

12. 교우간에 불화한 자
성도는 한 가족 • 엡 2:19
화평케 하는 자 • 약 3:17-18
화목하라 • 롬 12:18-19

13. 자랑과 외식하는 자
먼저 자기 들보를 • 마 7:5
자랑하는 자의 미련 • 에 5:12
하나님만 자랑하자 • 고전 1:31
양심에 화인 맞은 자 • 마 23:5-7
겸손한 자의 삶 • 고후 11:30-32

14. 헌금에 시험든 자
과부의 두 렙돈 • 막 12:44
많이 심는 자 • 고후 9:6-7

바람직한 신앙 생활 • 신 16:17
생산적 헌신 • 창 22:18
은혜 받는 자의 생활 • 눅 8:3

15. 지도자를 거역하는 자
미리암을 위한 기도 • 민 12:12-13
고라당의 말로 • 민 16:31-32
배신자를 향한 긍휼하심 • 렘 3:12
가룟 유다의 말로 • 마 27:5-6
신앙 배반자의 운명 • 행 5:10-11
으뜸이 되길 좋아한 자 • 요삼 1:9
참된 성도의 태도 • 롬 12:10-11

7. 심방과 직업

1. 정치인
요셉의 집권 • 창 41:40-41
의로운 지도자 • 단 6:4
집권자의 죽음 • 행 12:21-23

2. 법조인
주의 법을 성취하려면 • 약 2:12-13

3. 공무원
잘 믿는 관원 • 왕상 18:3-4
백성을 섬기는 자세 • 마 20:26-27

4. 군인
예수의 군사 • 딤후 2:3-4
누가 우리를 대적할까 • 시 27:3

5. 경제인
재물과 부요의 근원 • 전 5:19
재물을 선용할 것 • 딤전 6:17
하나님과 재물 중에서 • 마 6:24

6. 언론인
혀를 잘 사용함 • 약 3:9-10
진실한 행실 • 요일 3:18

주제별 성경 찾기

7. 의사
병자에게는 의사가 • 마 9:12
의사 누가 • 골 4:14
의사이신 예수 • 마 4:23

8. 교육자
예수를 따르려면 • 요 13:13-14
가르치시는 예수 • 마 7:28-29
사욕을 좇을 스승 • 딤후 4:3-4

9. 은행원
가난한 자에게 자비를 • 출 22:25

10. 농업
시절을 좇아 과실을 • 시 1:3

11. 목축업
선한 목자 예수 • 요 10:11-12
복받는 조건 • 신 28:1
양치기 모세 • 출 3:4
복받는 목자들 • 눅 2:8-9

12. 광업
밭에 감추인 보화 • 마 13:44
땅을 얻을 자는 • 시 37:22

13. 운수, 해운업
도우신 하나님 • 삼상 7:12
파선을 두려워 말라 • 행 27:44
풍랑을 이기고 • 마 14:31-32

14. 어업
가득 찬 물고기 • 요 21:5-6

15. 상업
공평한 저울 • 레 19:35-36
영혼의 상인인 성도 • 마 25:29-30
장터가 된 성전 • 요 2:16

16. 체육인
피곤치 않음 • 사 40:31
푯대를 향하여 • 고전 9:26-27
경주자의 법칙 • 고전 9:25'

8. 심방과 연령

1. 유아기(유년기)
젖먹이들의 찬양 • 시 8:1-2
믿음의 양육 • 출 2:9
안수하신 예수 • 마 19:14-15
말씀으로 가르침 • 잠 22:6

2. 소년기
지혜와 몸이 자람 • 눅 2:52
오병이어를 드림 • 요 6:9

3. 청소년기
믿음을 배움 • 삼상 17:37
소년아 네 이름은 • 삼상 17:58
물 길러 나오는 소녀 • 창 24:15
주의 부름을 받음 • 삼상 3:10
연단받는 요셉 • 창 37:28
다니엘과 세 친구 • 단 1:19
신앙교육의 잘못 • 삼상 2:12-17

4. 청년기
죄짓기를 무서워함 • 창 39:9
고난받는 요셉 • 창 39:19-20
모본이 될 청년 • 딤후 2:22
동정녀 리브가 • 창 24:16

5. 장년기(남자)
신령한 눈을 뜨라 • 요 9:25
성숙된 신자 • 히 5:14
주를 앙망하자 • 사 40:28-29
자녀를 훈계함 • 잠 23:12-14
기도에 힘씀 • 딤전 2:1-2
세상을 사랑한 자 • 창 38:1-2
음녀를 피함 • 잠 6:25-26

6. 가정 주부
부녀의 행실 • 딤전 2:9-10
경건한 부녀 • 잠 27:15-16
주를 바라는 부녀 • 벧전 3:5-6
교회에서 잠잠하라 • 고전 14:34
리브가의 처신 • 창 24:64-65
현숙한 여인 • 잠 31:10-12
지혜로운 여인 • 삼상 25:28
신앙의 이방 여인 • 룻 1:16
기도하던 여자 • 삼상 1:26-27
어린 아이의 양육 • 딤후 1:5

7. 노년기
젊은이의 스승 • 딛 2:7-8
경건한 노인 • 딛 2:2-3
갈렙의 용기 • 수 14:11

9. 심방과 가정 환경

1. 화목한 가정
경건한 가정의 부모 • 시 127:3-5
하나님의 축복 • 왕상 17:14
생명과 건강 • 잠 4:22-23
아름다운 가정 • 요 12:1-3
주의 사자가 방문함 • 행 10:4

2. 불화한 가정
화목케 하는 직책 • 고후 5:18
사랑의 미덕 • 벧전 4:7-8
서로 용서하라 • 엡 4:32
참는 지혜 • 잠 29:11
화목한 형제 • 창 50:20-21
믿는 자의 가정 • 시 128:3-4
원망하고 불평하는 자들 • 출 16:3
말하기를 더디함 • 잠 13:3

3. 가족 일부만 믿는 가정(신자)
겨자씨의 자라남 • 마 13:31-32
누룩의 역할 • 마 13:33
한 쪽의 믿음으로 • 고전 7:16
바른 행실로 감화 • 마 5:16

4. 가족 일부만 믿는 가정(불신자)
도를 조롱하는 자 • 고전 1:18-19
잃어버린 자 • 눅 15:24
쉬운 멍에 • 마 11:28-30
죄 중에 망할 자 • 요 8:24
생각 못할 때에 • 마 24:36-37

5. 가정 예배를 드리지 않는 가정
집안에 모여 기도함 • 행 1:14
세 가지 권면 • 살전 5:16-18

6. 불효하는 가정
불순종하는 아들들 • 삼상 2:25
거역하는 압살롬 • 삼하 15:14
요셉의 효도 • 창 46:30
효부 룻 • 룻 2:2
효도자 • 잠 23:22, 25

7. 신혼 가정
맡기는 생활 • 잠 3:5-6
현숙한 아내 • 잠 31:29-30
부하고 평안함 • 잠 10:22
길을 형통케 하심 • 수 1:7
사랑이 없다면 • 고전 13:3

10. 심방과 전도

1. 뒤로 미루는 자
결단하라 • 수 24:15
목이 곧은 자 • 행 7:51
슬기로운 기다림 • 마 25:10-11
기회는 지나감 • 눅 13:24
기회를 잃음 • 요 8:21
어둡기 전에 행하라 • 요 12:35

주제별 성경 찾기

세상에 있는 인생은 • 욥 7:6-7
그림자 같은 인생 • 욥 14:1-2
죽음과 심판이 있음 • 히 9:27
심은 대로 거둠 • 잠 1:24-25

2. 죄가 많다는 자
다윗도 죄인이었음 • 시 51:1-2
죄가 많더라도 • 사 1:15-16
찾으시는 예수 • 눅 19:5
죄인을 위해 죽으심 • 롬 4:25
죄를 담당한 예수 • 벧전 3:18

3. 너무 늦었다는 자
하나님의 약속 • 벧후 3:9
늦더라도 뉘우치라 • 겔 18:23
강도도 구원을 받음 • 눅 23:42-43
택함받은 남은 자 • 롬 11:5-6
눈물의 권면 • 고후 2:4

4. 믿는 법을 모른다는 자
구주를 영접하라 • 눅 7:37-38
영접하는 자는 자녀로 • 요 1:12
예수 믿으면 영생함 • 요일 5:11-12
믿어서 구원에 이름 • 롬 10:10

5. 돈 벌어서 믿겠다는 자
가난한 자도 환영함 • 사 55:1
말씀으로 산다 • 마 4:4
재물은 악의 원인 • 막 14:10-11
삶의 기초는 신앙으로 • 눅 12:15
돈을 탐하지 말라 • 딤전 6:10

6. 죄가 없다고 교만한 자
의롭다 하는 자 • 삼하 12:15-16
죄인임을 고백하라 • 눅 5:8
낮추는 자는 높아짐 • 마 23:11-12
죄를 부인하는 죄 • 요일 1:8-9
의인은 한 명도 없음 • 롬 3:10-12
교만한 자를 거절하심 • 약 4:6

7. 무신론자
하나님만 유일하신 신 • 신 4:35
하나님을 안 믿는 자 • 시 10:4
하나님을 모르는 자 • 시 14:1
주를 찾는 자가 없음 • 시 53:2-3

8. 신앙을 무시하는 자
악인은 평안이 없음 • 사 57:20-21
진노 아래 있는 자 • 요 8:36
구원자 예수 • 행 4:12
십자가를 거절하는 자 • 히 10:29

9. 완고한 자
주의 영광을 구하라 • 요 5:44
완악한 마음으로 • 살후 2:11
강퍅케 하는 죄 • 히 3:13

10. 원망하는 자
원망은 진노를 부름 • 민 11:1
원망할 수 없음 • 롬 9:20
하나님을 찬양 • 롬 11:33
원망은 심판의 대상 • 유 1:16

11. 성경을 부인하는 자
여호와의 율법 • 시 19:7-8
성경에 무지한 자 • 마 22:29
주의 말씀은 영원함 • 마 24:35
성경이 성취됨 • 눅 24:44

12. 지옥을 부인하는 자
약속에서 제외됨 • 마 25:41
사망을 두려워할 것 • 계 20:6
악인은 지옥에 • 계 20:12
악인은 보응을 받음 • 계 22:11-12
지옥은 고통 • 벧후 2:4
마지막 둘째 사망 • 계 21:8

13. 의심이 많은 자
큰 믿음 • 마 21:21
믿음대로 행하면 • 막 11:23

주제별 성경 찾기

의심하지 말라 • 눅 24:37-38
주의 명령을 신뢰함 • 행 10:19-21
아브라함의 믿음 • 롬 4:18
의심자를 용납하라 • 롬 14:1-2

14. 그리스도를 부인하는 자
태초부터 계신 주님 • 요 1:1-3
주 예수 • 요 12:44-45
도마의 신앙고백 • 요 20:28-29
존귀하신 그리스도 • 히 1:3

15. 우상 숭배자
우상을 경배치 말라 • 출 20:4-5
주님을 떠난 자 • 겔 44:10
미워할 대상 • 신 7:5
사귀지 말아야 할 자 • 고전 5:11
우상 숭배는 탐심 • 골 3:15
우상에서 떠나라 • 고전 10:19-20

16. 미신에 빠진 자
계시를 모르는 자 • 단 5:5
택한 자라도 유혹함 • 마 24:24
마술을 행하는 시몬 • 행 8:9-10
점하는 귀신들린 여종 • 행 16:16
그 길에서 돌아서라 • 약 5:19-20
미신을 삼가라 • 벧후 3:17
점괘는 허탄한 것 • 겔 13:9

17. 악습을 버리지 못하는 자
악인의 고집은 죽음 • 겔 33:11
어둠을 좋아함 • 요일 1:6
악에서 떠나라 • 엡 5:5
마귀의 자식 • 행 13:9-10
심은 대로 거둠 • 잠 1:29-31
죄에서 벗어나라 • 요 8:34-36

18. 헛된 소망을 품은 자
헛된 것을 버릴 것 • 삼상 12:21
중심을 보시는 주 • 행 10:34-35

가장 큰 죄 • 요 16:8-9
의롭게 못하는 율법 • 롬 3:20
헛된 영광을 버리라 • 빌 2:3

19. 핍박과 갈등으로 고민하는 자
순교자의 구원 • 막 8:35
전도자의 위로 • 요 15:18-19
핍박을 받는 것 • 행 5:41
환난은 신자의 복 • 행 14:22
주를 믿으면 • 딤후 2:11-12
열매 맺는 인내 • 히 12:3
오늘 충성하라 • 마 6:34
올바른 제자도 • 마 16:25
떡을 위하는 자 • 히 12:16
근심은 주께 맡김 • 벧전 5:6-7
귀한 것을 모르는 자 • 잠 26:1
주 안에서 가능한 것 • 빌 3:14

20. 신앙 생활이 어렵다는 자
우리를 위한 주의 명령 • 신 30:11
성숙한 신앙 • 갈 5:16
성령의 문제 해결 • 단 4:9
찾는 자가 적은 길 • 마 7:13-14
환난 당한 자를 위로하심 • 고후 1:4
계명은 짐이 아님 • 요일 5:3
주님의 짐은 가벼움 • 마 11:28-30

출석부

성 명	월					월					월					월					월					Memo
	1	2	3	4	5	1	2	3	4	5	1	2	3	4	5	1	2	3	4	5	1	2	3	4	5	

출석부

성 명	월					월					월					월					월					Memo
	1	2	3	4	5	1	2	3	4	5	1	2	3	4	5	1	2	3	4	5	1	2	3	4	5	

출석부

성 명	월					월					월					월					월					Memo
	1	2	3	4	5	1	2	3	4	5	1	2	3	4	5	1	2	3	4	5	1	2	3	4	5	

출석부

성 명	월					월					월					월					월					Memo
	1	2	3	4	5	1	2	3	4	5	1	2	3	4	5	1	2	3	4	5	1	2	3	4	5	

Phone & Address

Name	Home	Mobile
	Office	Fax
E-mail	Address	
Name	Home	Mobile
	Office	Fax
E-mail	Address	
Name	Home	Mobile
	Office	Fax
E-mail	Address	
Name	Home	Mobile
	Office	Fax
E-mail	Address	
Name	Home	Mobile
	Office	Fax
E-mail	Address	
Name	Home	Mobile
	Office	Fax
E-mail	Address	
Name	Home	Mobile
	Office	Fax
E-mail	Address	
Name	Home	Mobile
	Office	Fax
E-mail	Address	
Name	Home	Mobile
	Office	Fax
E-mail	Address	

Phone & Address

Name	Home	Mobile
	Office	Fax
E-mail	Address	
Name	Home	Mobile
	Office	Fax
E-mail	Address	
Name	Home	Mobile
	Office	Fax
E-mail	Address	
Name	Home	Mobile
	Office	Fax
E-mail	Address	
Name	Home	Mobile
	Office	Fax
E-mail	Address	
Name	Home	Mobile
	Office	Fax
E-mail	Address	
Name	Home	Mobile
	Office	Fax
E-mail	Address	
Name	Home	Mobile
	Office	Fax
E-mail	Address	
Name	Home	Mobile
	Office	Fax
E-mail	Address	

또 하나의 선민
알이랑 민족

유 석 근 지음

겨레의 노래 아리랑의 비밀 및 한국인의 정체성과 구원사적 사명이 무엇인지를 성경을 중심으로 역사적 자료들과 함께 상세히 설명한 책. 본서의 독자들은 우리 나라를 향한 여호와 하나님의 크고 놀라운 계획을 깨닫게 될 것이다. 한국교회 성도들은 누구나 읽어야 할 필독서.

알이랑
고개를 넘어
예루살렘으로

유 석 근 지음

알이랑 민족 한국인의 구원사적 사명이 무엇인지 성경을 근거로 밝혔다. 계시록 7장 1~8절이 진정으로 무엇을 계시하고 있는 말씀인지를 명확히 깨닫게 해줄 것이다. 또한 시님의 군대라고 칭하는 오류를 바로 해석하여 설명하였고 동방박사가 누구인가에 대해 알아본다. 미래를 꿈꾸고 사명을 발견하게 되는 놀라운 일이 벌어질 것이다.